AF726792

Petra Schwarzkopf

# Detektei Anton – Explosionsgefahr!

*Band 6*

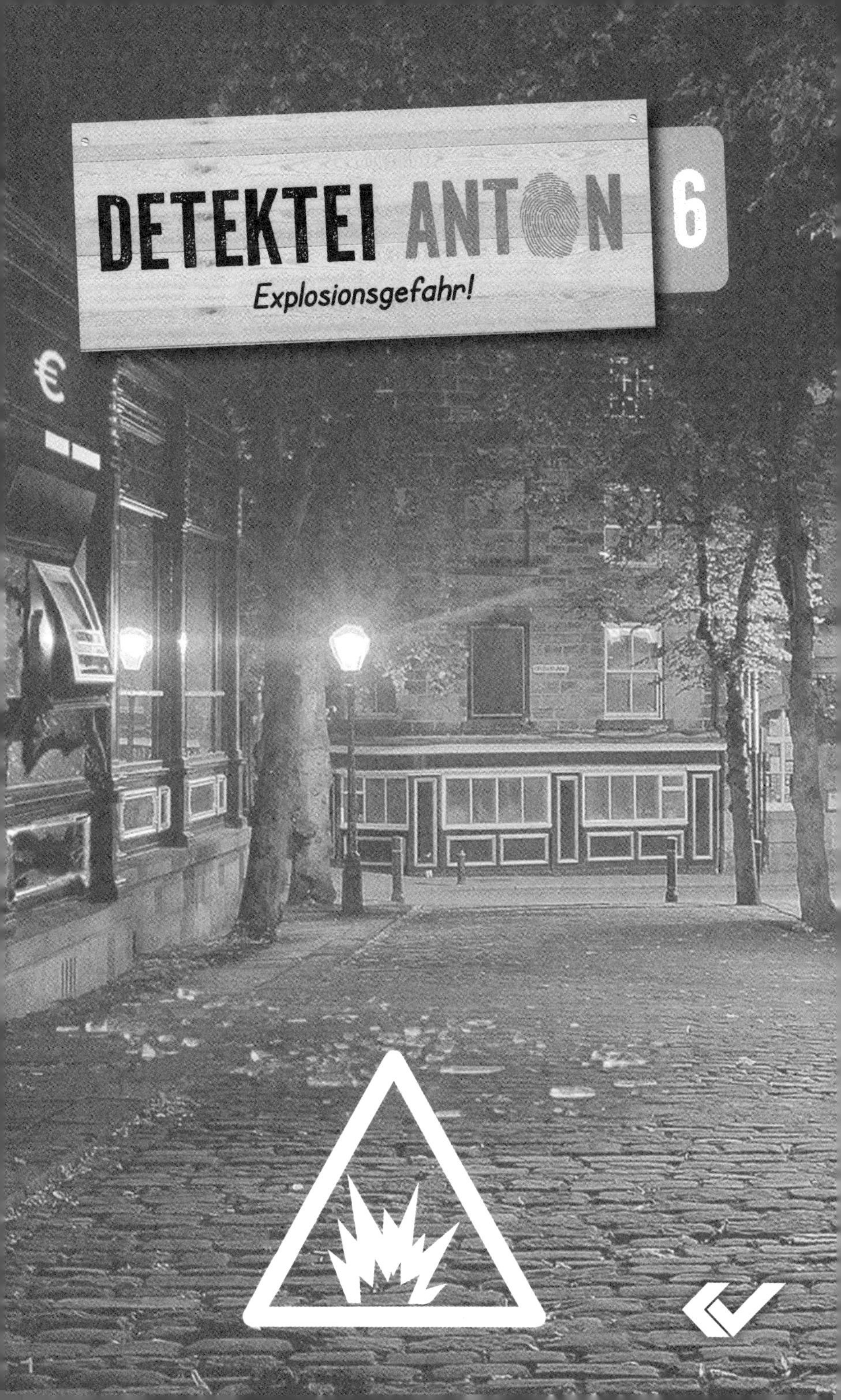
DETEKTEI ANTON
6
Explosionsgefahr!

MIX
Papier aus verantwortungsvollen Quellen
FSC® C014138
FSC
www.fsc.org

Petra Schwarzkopf
**Detektei Anton – Explosionsgefahr!**
*Band 6*

Best.-Nr. 271888
ISBN 978-3-86353-888-0
Christliche Verlagsgesellschaft Dillenburg



1. Auflage

www.cv-dillenburg.de

Satz und Umschlaggestaltung:
Christliche Verlagsgesellschaft Dillenburg
Bildquellen: © Freepik.com/AiArtgenerater (Covermotiv)
© freepik.com (Holzschild, Bilderrahmen, Kalender),
freepik/macrovector (Fingerabdruck, Kopf, Tasche),
freepik/rawpixel.com (Pfeil), freepik/Harryarts (Uhr, Vögel),
freepik/rocketpixel (Linien), freepik/kstudio (Schleife)

FINIDR, s.r.o.
Printed in Czech Republic

Wenn Sie Rechtschreib- oder Zeichensetzungsfehler entdeckt haben,
können Sie uns gern kontaktieren: info@cv-dillenburg.de

INHALT

… ist der Onkel von Silas und Rahel und speziell begabt. Er hat ein partiell fotografisches Gedächtnis, kennt sich mit Pflanzen und Pilzen aus und ist brutal ehrlich. Außerdem besitzt Anton einen Schwerbehindertenausweis, aber eigentlich ist er nur schwer in Ordnung.

**Alter:**
Das kommt darauf an:
40 Jahre von außen, 8 Jahre von innen

**Haarfarbe:**
dunkelbraun

**Beruf:**
Gärtnergehilfe bei den Caritas-Werkstätten

**Hobbys:**
Borussia Dortmund, Holz hacken, sägen und verkaufen und sein Mini-Auto, den Ellenator, fahren

**Beste Freunde:**
Hund Caruso und ein paar Kumpels aus der Werkstatt

… ist die kleine Schwester von Silas und hat einen feinen Sinn für Details. Obwohl sie ihre Umwelt besonders aufmerksam wahrnimmt, bekommt sie vom Unterricht in der Schule manchmal nichts mit. Sie fürchtet sich vor Langeweile und möchte niemals so verrückt werden wie die anderen Mitglieder ihrer Familie.

**Alter:**
14 Jahre

**Haarfarbe:**
braun

**Berufswunsch:**
Polizistin

**Hobbys:**
Schwimmen, Nervenkitzel

**Beste Freundin:**
Sophia Mombauer

… ist der große Bruder von Rahel und nur etwas zu klein für sein Gewicht. Er hat Angst, dass er für immer ein paar Zentimeter kleiner bleibt als seine Schwester. Seine Haarfarbe nennt er erdbeerblond, und er trägt seine Sommersprossen mit Stolz.

**Alter:**
14 Jahre

**Haarfarbe:**
blond mit rötlichem Schimmer

**Berufswunsch:**
Dolmetscher oder Krankenpfleger, Rahel behauptet: Pastor oder Lehrer

**Hobbys:**
Fremdsprachen, Erste Hilfe, Fast Food und möglichst wenig Sport, außerdem Klarinette spielen

**Bester Freund:**
Ronny Till

… ist der Freund und Klassenkamerad von Silas. Er lebt allein mit seiner Mutter, trägt seine Haare lang und hat eine feste Zahnspange. Ronny ernährt sich gerne von Fast Food und liebt T-Shirts mit coolen Sprüchen. Er versucht ständig, Geld zu verdienen, vielleicht, weil er nicht gerade viel davon hat.

**Alter:**
15 Jahre

**Haarfarbe:**
schwarz

**Berufswunsch:**
reicher Informatiker

**Hobbys:**
Computer und Sport

**Bester Freund:**
Silas Schmickler

… ist die beste Freundin von Rahel Schmickler, aber im Gegensatz zu ihr schafft sie es, auch im größten Dreck immer sauber zu bleiben. Sophia nennt ihre Mutter *Maman,* denn sie stammt aus Burundi, und da spricht man Französisch.

**Alter:**
14 Jahre

**Haarfarbe:**
so dunkelbraun, dass man es für schwarz halten könnte, wenn man kein Friseur ist

**Berufswunsch:**
keine Ahnung, aber auf keinen Fall Chemikerin!

**Hobbys:**
Zeit mit den anderen Detektiven verbringen, Ballett, afrikanisch kochen und bunte Kleider nähen

**Beste Freundin:**
Rahel Schmickler

… ist Onkel Antons Riesenschnauzer und kann wunderschön jaulen, wenn er jemanden singen hört. Leider klingt er nicht ganz so gut wie sein Namensvetter, der italienische Tenor Enrico Caruso (der ziemlich genau vor 100 Jahren starb).

**Alter:**
4 Jahre

**Fellfarbe:**
schwarz

**Beruf:**
Schutz- und Führhund, Suchtmittelspürhund

**Hobbys:**
nach Fressbarem suchen, im Wald herumstromern und Fangen spielen

**Beste Freunde:**
Onkel Anton und Opa Peter

**Lieblingsfeinde:**
Katzen, egal, welche

# KAPITEL 1

## NACHTS IN BREHL

„Willst du wirklich noch mit dem Rad nach Hause, Ronny?“

Sophia Mombauer stand im Flur der Familie Schmickler und guckte den langhaarigen, hoch aufgeschossenen Jungen neben sich fragend an. Dann riskierte sie einen Blick durch die offene Haustür. Viel war draußen nicht zu sehen. Abgesehen von dem gelblichen Licht einer Außenlampe war es stockfinster. Die Bäume des angrenzenden Waldes knarzten leise. Der herbstliche Wind trieb die letzten Blätter über den Hof zwischen Opa Schmicklers altem Elternhaus und dem Neubau, in dem Rahel und Silas Schmickler mit ihren Eltern wohnten. Das Gebäude war nicht ganz so neu, wie der Name es behauptete. Es stammte aus den 70er-Jahren und war bis vor Kurzem mit vereinten Kräften aller Schmicklers renoviert worden.

„Warum nicht?“

Ronny Till, Silas' bester Freund, setzte sich den Helm auf den Pferdeschwanz.

„Weil du genau wie ich hier übernachten könntest“, schlug sie vor. Die herzliche Einladung von Hannah und Paul Schmickler, die allen Geburtstagsgästen galt, schien ihr Grund genug. Trotzdem schob sie noch eine weitere Begründung hinterher: „Und weil es ziemlich spät und kalt ist.“

„Nee, lass mal“, wehrte Ronny ab und ließ seine Brackets blitzen. „Bin schließlich schon groß.“

„Im Gegensatz zu mir?“

Sophia tat empört. Sie stemmte die Hände in die Hüften und schüttelte ihre dunkelbraunen Locken. Sie war das kleinste Mitglied der Detektei Anton, wenn auch nicht das jüngste.

„So war das nicht gemeint“, sagte Ronny grinsend. „Ich meinte: Ich bin alt genug.“

Silas hatte Opas altes Polizeirad aus dem Schuppen geholt und stand jetzt damit vor der Haustür. Im trüben Licht der Lampe wirkte sein sonst erdbeerblondes Haar fast blass. Die Sommersprossen sah man kaum noch.

„Fahr trotzdem vorsichtig“, bat er.

„Mach ich doch immer“, behauptete Ronny und trat auf den Hof.

„Klar“, sagte Silas und lachte. „Deswegen ist dein eigenes Rad ja auch Schrott, und du fährst seit einer Woche diesen schicken Schmickler-Drahtesel.“

Ronny griff nach dem alten Polizeirad.

„Reines Pech bei einer Wilderer-Verfolgungsjagd, mehr nicht“, behauptete er. „Außerdem habe ich bald ein neues.“

Der große Junge warf sich seinen Rucksack auf den Rücken.

„Von wegen Pech. Ich war dabei, falls du das vergessen hast. Und **ich** bin dem Baum rechtzeitig ausgewichen“, zog Silas ihn auf.

„Schon gut, du Sportskanone. Was machst du eigentlich mit deinem Anteil von der Belohnung? Noch mehr Bücher oder Noten kaufen?“

Ronny guckte provozierend auf Silas' kleines Bäuchlein. Der lachte gutmütig. Selbst Sophia musste lächeln. Sport zählte nicht gerade zu Silas' größten Talenten. Doch er nahm sich so, wie er war, und konnte über sich selbst lachen. Deshalb war er Ronny auch nicht böse. Heute, an seinem fünfzehnten Geburtstag, hatte er außerdem noch bessere Laune als sonst. Das lag nicht nur an den drei Stück Frankfurter Kranz, die seinen Blutzuckerspiegel in angenehme Höhen getrieben hatten.

„Kann gut sein", antwortete er gähnend. „Also, bis morgen, und bring bloß Opas Rad heil zurück."

„Keine Sorge, das sieht so aus, als hätte es bereits den Zweiten Weltkrieg überlebt. Einen Baum hält das locker aus."

„Wahrscheinlich", sagte Rahel ernst, die neben Sophia in den Flur getreten war. „Ist ein altes Polizeirad. Oma hat es mal für Opa auf dem Trödel erworben."

Frau Schmickler senior war vor einem guten Jahr verstorben, und Ronny wusste, dass die Geschwister ihre Oma vermissten. Er setzte sich auf den Sattel.

„Ich bin vorsichtig", versprach er seinen Freunden und rollte vom Hof.

Auf der Hauptstraße trat der Junge kräftig in die Pedale. Das alte Polizeirad wog zwar ein paar Kilo und war schwer in Gang zu bringen, doch wenn es einmal in Fahrt war, rollte man bequem. Ronny atmete auf. Es war fast Mitternacht. Um diese Uhrzeit war in Brehl längst niemand mehr auf der Straße. Alle 1026 Einwohner hatten sich in ihre Häuser verkrochen, und bis auf Sophia und die sechs Schmicklers lagen wahrscheinlich alle schon im Bett. Und selbst die waren um diese Zeit nur ausnahmsweise wach, weil sie gefeiert hatten.

Ronnys Gedanken verweilten weiter bei der sechsköpfigen Familie. Eigentlich waren es sieben Schmicklers. Aber Tabea, die schon erwachsene Schwester von Silas und Rahel, studierte in den USA. Während die Geschwister sich für die Nacht fertig machten, würde Silas' Mutter sicher die Küche aufräumen. Ihr Mann Paul nahm bestimmt noch einmal kurz am Schreibtisch Platz, um irgendeinen wichtigen Gedanken aufzuschreiben, den außer ihm niemand verstand. Und Opa Peter Schmickler, genannt Pit, drehte zusammen mit seinem jüngeren Sohn Anton und Caruso eine letzte Gassi-Runde. Der Riesenschnauzer, der den Namen eines berühmten Tenors trug, war Antons Ein und Alles.

Ronny war dankbar, dass der Hund den Giftanschlag vor zwei Wochen so gut überstanden hatte. Es wäre ein schwerer Schlag für Anton gewesen, wenn er nach dem Tod seiner Mutter auch noch Caruso verloren hätte. Denn der erwachsene Mann war in seinem Inneren für immer ein Kind, auch wenn sein Körper schon 40 Jahre alt war. Manche Dinge empfand er eben auch wie ein Sechsjähriger, auch wenn er 34 Jahre mehr Lebenserfahrung hatte. Ronny hatte den geistig behinderten Mann mit seinen besonderen Fähigkeiten und seinem trockenen Humor ebenso in sein Herz geschlossen wie seinen Freund Silas. Er war ein echter Kumpel: immer zur Stelle, wenn man ihn brauchte. Das hatte er mit seinem Neffen gemeinsam. Wie Silas dachte auch Onkel Anton von allen Menschen immer nur das Beste.

„Nur, wer hinter Carusos Vergiftung steckt, das haben wir noch nicht herausfinden können", murmelte Ronny vor sich hin. „Der Wilderer, den wir vor Kurzem gefasst haben, ist, was das betrifft, unschuldig. So viel steht fest."

Still beleuchtete die Lampe den Asphalt vor ihm, während Ronny gemütlich darüber hinwegrollte. Trotz der Dunkelheit war der Junge hellwach. Er genoss die frische Luft, die ihm um die Ohren wehte. Der Fahrtwind machte einen klaren Kopf, und nach der beruhigenden Heimfahrt würde er zufrieden in sein Bett plumpsen. Am Ende der Straße sah Ronny schon die T-Kreuzung vor sich, an der die Hauptstraße nach links ins Dorf führte und nach rechts in die Bahnhofstraße mündete.

Wie der Name nahelegt, führte diese zum Bahnhof von Brehl. Okay, die Bezeichnung „Bahnhof“ war ein wenig übertrieben. Eigentlich hatte Brehl nur eine Haltestelle, aber da es direkt daneben auch einen Bahnübergang und ein kleines Bahnwärterhäuschen gab, sprachen alle nur vom Bahnhof. Er lag auf der rechten Straßenseite, und bis vor Kurzem hatte man in dem winzigen Fahrgastraum noch Fahrkarten bei einem echten Menschen kaufen können. Jetzt war der Schalter geschlossen, und draußen hatte die Bahn zwei Automaten aufgestellt. Doch bevor man den Bahnhof erreichte, standen auf der linken Straßenseite erst noch zwei Häuser: Die winzige Filiale der Kreissparkasse kam direkt nach der Kurve, gefolgt von der Brunnenapotheke und dem Reformhaus. Letzteres lag dem Bahnhof fast genau gegenüber.

Nach dem Bahnübergang und der Ampel würde Ronny richtig Gas geben. Denn von dort verlief ein gut ausgebauter Radweg parallel zur Bundesstraße B266 Richtung Burgenach-Stadt, wo er allein mit seiner Mutter in einer 56 Quadratmeter großen Dachwohnung hauste. Frau Till würde wie immer noch wach sein und auf ihn warten, auch wenn sie am nächsten Tag früh raus musste.

Plötzlich hörte Ronny ein lautes Schrillen, das nach der Schulklingel der Grundschule klang. Die lag zwar nicht weit entfernt, doch mitten in der Nacht würde die wohl kaum läuten. Dann drang ein hässliches Knacken und Knirschen in sein Ohr. Es klang, als würde etwas zerbrechen. Erschrocken hörte er auf zu strampeln. Seltsam! Vom Fahrrad kamen die Geräusche nicht. Sie wurden lauter, obwohl er langsamer rollte. Dann hörten sie plötzlich auf. Nur das Klingeln blieb, und er schien direkt darauf zuzufahren. Die Neugier packte Ronny. Er strampelte schneller und bog beschwingt um die Kurve.

Auf der Bahnhofstraße vor dem Reformhaus parkte ein dunkler Wagen. Oder hielt er nur? Tatsächlich! Der Motor war an, und es saß auch jemand am Steuer. Und das Klingeln? Ronny war jetzt auf gleicher Höhe mit dem zweistöckigen Gebäude, in dem sich die Sparkasse befand.

Plötzlich zerschlug ein lauter Knall die Stille der Nacht in tausend Teile. Es schepperte, Glas splitterte. Der Schreck durchfuhr Ronnys Körper, und ihm wurde kalt bis in die Fingerspitzen. Ungewollt rissen seine erschrockenen Arme den Lenker nach rechts. Da er immer noch zügig unterwegs war, rutschte das Rad zur Seite, stolperte über den Bordstein, kippte und riss seinen Fahrer mit sich zu Boden. Hart schlug Ronny mit Kopf und Rücken auf die Straße. Zum Glück trug er den Helm. Etwas regnete auf ihn herab, so groß und schwer wie Hagelkörner. Etwas, das weh tat auf der Haut. Instinktiv riss der Junge die Arme hoch, um sein Gesicht zu schützen. Als es aufgehört hatte zu regnen, blieb Ronny noch einen Moment benommen liegen. Es roch nach Feuerwerk. Mühsam versuchte er, seine Gedanken zu sortieren, und hob vorsichtig den Kopf. Eine kleine, dunkle Staubwolke zog aus der Sparkasse, verflüchtigte sich aber schnell. Schon über der Treppe, die auf den Bürgersteig hinabführte, verlor sie sich in der Nacht. Doch in dem Dunkel, aus dem sie gekommen war, schien plötzlich Licht. Es geisterte umher, flirrend wie ein oder zwei Glühwürmchen. Mal taumelte es in die Höhe, dann fiel es wieder zu Boden. *Der Bankomat! Im Vorraum der Filiale steht doch der Geldautomat!*, dachte Ronny blinzelnd.

Dann legte er den Kopf wieder ab und bewegte seine Arme und Beine. Glück gehabt: Sie schienen in Ordnung zu sein! Langsam schob er das Rad von seinem Bein und setzte sich auf. Im Schein der Straßenlaterne sah er, dass seine Kleidung mit Glasstückchen übersät war. Zum Glück hatten sie keine scharfen Kanten, sondern abgerundete Ecken und alle eine ähnliche Größe. Sicherheitsglas! Es hatte ihn nicht verletzt. Das laute Klingeln war noch da, aber es klang anders als noch vor ein paar Sekunden: Als hätte ihm jemand Stöpsel in die Ohren gesteckt. Oder hallte es nur noch in seinem Kopf nach?

Ronny klopfte die Scherben von sich und versuchte zu begreifen, was geschehen war, oder besser gesagt, was hier gerade geschah. Die Glasschiebetüren der Bankfiliale waren verschwunden, als hätten sie sich in Luft aufgelöst. Die Metallbeschläge dagegen ragten verbogen in die Gegend wie ein groteskes Kunstwerk. Das Glühwürmchenlicht dahinter stand plötzlich still, als würde es ihn ansehen, und in dem Dunkel wurde eine Gestalt sichtbar, die zu dem Licht gehörte. Nein, nicht eine, sondern zwei Gestalten. Sie waren ganz in Schwarz gekleidet. Gesicht und Kopf bedeckte je eine dunkle Skimütze, und eine Lampe leuchtete an jeder Stirn. Ronny fiel es wie Schuppen von den Augen: Das Klingeln gehörte zur Alarmanlage! Natürlich, die Bank wurde gerade überfallen! Der laute Knall war eine Explosion gewesen, eine Sprengung.

Genau in dem Moment, als Ronny das begriffen hatte, liefen die Stirnlampenmänner los. Der erste hielt eine schwarze Sporttasche in der Hand, der andere einen Sack. Beides schien schwer zu sein. Über die Treppe erreichten die flüchtenden Bankräuber den Bürgersteig und rannten auf den dunklen Pkw zu, der immer noch mit laufendem Motor vor dem Reformhaus stand. Oben im Haus, in den beiden Mietwohnungen über den Sparkassenräumen, gingen die Lichter an. Es blitzte hinter der rechten Fensterscheibe. Versuchte jemand, die Täter oder das Auto zu fotografieren?

*Ich muss die Polizei rufen!*, dachte Ronny.

Vielleicht hatte das noch niemand von den Mietern über der Sparkasse getan. Von da oben hatten sie keine vollständige Sicht auf die Szenerie. Er dagegen konnte alles wie auf einer Bühne beobachten, und seit dem Läuten der Alarmanlage konnten kaum zwei Minuten vergangen sein. Ronny tastete nach seinem Handy. Gerade war es noch in der Jackentasche gewesen. Er kontrollierte die andere Tasche. Da war es. Ronny zog den Reißverschluss auf.

Die Männer in Schwarz hatten längst das Fluchtauto erreicht. Der erste riss die rechte Hintertür auf und schmiss die Sporttasche auf den Rücksitz. Dann setzte er sich dazu. Der andere war um das Auto herumgelaufen und hatte die linke Hintertür geöffnet. Noch bevor die letzte Tür zugezogen war, startete der Fluchtwagen mit quietschenden Reifen. Ronny beobachtete alles wie ein aufmerksamer Theaterbesucher. Doch das hier war echt, und die Gestalten in dem Auto waren keine harmlosen Schauspieler. Das Fahrzeug kam näher, und der Junge konnte es genauer erkennen: ein schwarzer Audi. Die große Limousine machte bestimmt locker zweihundertfünfzig Stundenkilometer und war im Nu von Null auf Hundert. Der Fahrer gab immer noch Gas.

„Nein!", stöhnte Ronny plötzlich. „Der fährt ja direkt auf mich zu!"

Hastig rappelte er sich auf und schleifte das schwere Rad hinter sich her auf den Bürgersteig, als der Audi auch schon mit röhrendem Motor an ihm vorbeiraste. Der Wagen war so nah, dass er den Luftzug spüren konnte. Ronny schnappte nach Luft.

„Idiot!", schrie er.

Dann fuhr er sich mit zitternden Fingern durch seine langen Haare und starrte dem Audi nach. Er wusste sofort, wo die Männer hinwollten. Die Autobahn war nicht weit. Schon das nächste Dorf hatte eine eigene Auffahrt.

„Geht es dir gut?", fragte ihn ein Mann, der aus dem Haus gerannt kam, in dem sich die Apotheke befand. Mitten auf der Straße blieb er stehen.

„Ich glaub schon", antwortete Ronny. Das Klingeln in seinen Ohren war fast weg. „Die hätten mich eiskalt über den Haufen gefahren, wenn ich nicht schnell genug von der Straße gekommen wäre."

Zu spät fiel ihm das Nummernschild ein. Er kniff die Augen zusammen und konnte gerade noch ein Kennzeichen mit vier Buchstaben und vier Ziffern erahnen, bevor der Wagen nach rechts auf die Bundesstraße bog. Ronny tastete nach seinem Handy. Es war noch in der Jackentasche.

„Die Polizei ist unterwegs", sagte der Mann.

„D... Das ist ein Polizeiauto", sagte Onkel Anton und blieb stehen.

„Wirklich?", fragte sein Vater. Er hielt ebenfalls an und lauschte. Tatsächlich! In der Ferne war ein Martinshorn zu hören. Es wurde lauter, das hieß, es kam näher. Ein zweites und dann ein drittes Signal gesellten sich dazu. „Du hast recht, deine Ohren sind besser als meine", gab Opa Schmickler zu. „Dann war das gerade wohl kein Fehlalarm."

„Das ... Das is ein größerer Einsatz", sagte Anton und klopfte Caruso das Fell. Das Stottern gehörte zu ihm wie sein fabelhaftes Bildgedächtnis und sein gutes Gehör. Es war so normal, dass es niemandem in der Schmickler Familie mehr auffiel. „D... Die kommen in unsere Richtung", war er sich sicher.

„Du hast schon wieder recht. Ich glaube, sie biegen gerade in die Bahnhofstraße ein", sagte sein Vater.

„D... Da ist die Sparkasse."

Jetzt riss Anton die Augen auf. Herr Schmickler stand immer noch auf der Stelle und lauschte angestrengt. Caruso bellte einmal kurz und zog an der Leine. Er wollte weiter. Opa Peter gab nach und tat ihm den Gefallen. Kurz darauf stieß die kleine Nebenstraße, der sie folgten, auf die Hauptstraße. Es war nicht weit von der Kurve, um die Ronny vor einigen Minuten gefahren war. Der Riesenschnauzer drängte vorwärts. Anton fing an zu laufen. Sofort fühlte Caruso sich ermuntert, auch einen kleinen Sprint einzulegen. Opa hatte fast Mühe, ihn zu halten.

„Warte, Anton! Ein alter Mann ist doch kein D-Zug", schnaufte er. „Langsam, Caruso!", befahl Opa.

Anders als sein Sohn gehorchte der gut ausgebildete Hund aufs Wort – wenn sein Herrchen ihm auch ansah, dass er am liebsten weitergestürmt wäre. Weiter vorne hielt jetzt auch Onkel Anton an. Er stand genau an der Kreuzung, sodass er in alle drei Richtungen sehen konnte. Aufgeregt winkte er seinem Vater.

„D… Da is Ronny", rief er ihm zu und zeigte in Richtung Bahnhof.

Sofort beschleunigte Opa Peter seinen Schritt. Das letzte Stück joggte er sogar. Für Mitte sechzig war er noch gut in Form. Als Herr Schmickler zu Anton aufgeschlossen hatte, blieb er stehen und sah besorgt um die Ecke. Auf dem Autostellplatz, der zu der Kreissparkassenfiliale gehörte, stand der Freund seines Enkels und hielt sich an dem Polizeirad fest. Das blaue, blinkende Licht der Streifenwagen verlieh seinem Gesicht eine gespenstische Blässe. Zwei Polizeiautos standen mitten auf der Straße, ein Bulli sogar auf dem Bürgersteig. Der Apotheker, der über der Sparkasse wohnte, überquerte gerade die Straße und ließ sich auf der Bank am Bahnhofsvorplatz nieder. Dort saßen auch alle anderen Mieter. So wie der Eingang der Sparkasse aussah, würden sie sich zumindest für diese Nacht nach einer anderen Unterkunft umsehen müssen. Es war nicht auszuschließen, dass für das Haus Einsturzgefahr bestand.

„Ronny!", rief Herr Schmickler und lief weiter zu dem Jugendlichen. Die stumpfen Scherben knirschten unter seinen festen Schuhen, als er ihn erreicht hatte. Er achtete nicht darauf. Ronny sah kaum auf.

„Es … Es tut mir so leid, Herr Schmickler", entschuldigte er sich mit zitternder Stimme und blickte betroffen auf das

Polizeirad. „Die … Die Lampe ist zerbrochen, und das Vorderrad hat eine böse Acht. Vielleicht … Vielleicht kann man es reparier..."

„Unsinn! Vergiss das dumme Rad", fiel ihm Opa Peter energisch ins Wort. Spontan schloss er den Jugendlichen in die Arme. „Hauptsache, dir ist nichts passiert." Er ließ Ronny los, um ihn anzusehen. „Bist du verletzt?"

„Nein." Ronny klopfte auf seinen Helm, den er immer noch auf dem Kopf trug, und wagte ein Grinsen in Antons Richtung. „Ich kann fallen."

„Gott sei Dank."

Opa legte Ronny vorsichtig die Hand auf die Schulter. Dann sah er nachdenklich auf den zerstörten Eingangsbereich der Sparkasse. Die Scheinwerfer der Streifenwagen warfen ihr Licht auf ein Bühnenbild der Verwüstung: Auch der stählerne Türrahmen war verbogen und zum Teil zerfetzt worden. Die Wucht der Explosion hatte Metallteile und Glassplitter über die Treppe und den Bürgersteig verstreut, wie Streusel auf einem Kuchen; die Zwischenwand zum Schalterbereich und den kleinen Büros war eingedrückt. Das rot-weiße Plastikband, mit dem die Polizisten den Tatort bereits abgesperrt hatten, flatterte im Wind. Sogar der Fahrradständer draußen vor der Filiale war umgekippt. Ein Polizist kam herüber. Er stellte sich als Polizeihauptkommissar (PHK) Klatsch vor, von der Polizeiinspektion Remagen. Opa kannte ihn natürlich.

„Dass ich das auf meine alten Tage noch erleben muss", murmelte Herr Schmickler.

„Ich verstehe das nicht", sagte Ronny. „Wer überfällt denn heute noch eine Bank oder sprengt einen Geldautomaten? Es ist doch so viel einfacher mit … was weiß ich … Phishing-E-Mails oder so. Es gibt doch genug Leute, die so leichtgläubig sind, dass sie ihre Bankdaten ohne Weiteres herausgeben."

„Da haben Sie völlig recht, junger Mann. Wer heute noch eine Bank überfällt, ist eigentlich ziemlich dumm. Er geht ein unnötiges Risiko ein", sagte PHK Klatsch und begrüßte Opa.

„Hallo, Pit!", grüßte er und benutzte dessen Spitznamen.

„Hallo, Gernot."

„Ri… Risiklo", meinte Onkel Anton kichernd. „Haste gehört, Papa? Risiklo."

Der Polizist schmunzelte.

„Hallo, Anton!", sagte er.

„T… Tag", antwortete Anton.

„Wir würden gerne aufnehmen, was Sie beobachtet haben, Herr Till. Könnten Sie bitte mit zum Streifenwagen kommen?", wandte sich der Polizist an Ronny.

Anton kicherte lauter.

„‚H… Herr Till' hat der gesagt, Papa, hasse gehört? R… Ronny heißt der doch", erklärte er dem Polizisten.

Opa lächelte und sah prüfend in Ronnys blasses Gesicht.

„Ich denke, das können wir auch bei mir zu Hause im Wohnzimmer machen, Gernot. Wir wohnen nur fünfhundert Meter von hier, und es wäre mir lieb, wenn ihr den jungen Mann mit dem Streifenwagen dort absetzt. Immerhin ist er gestürzt."

Der Polizist nickte.

„Kein Problem, Pit. Das Fahrrad bringen wir mit dem Bulli, wenn wir hier fertig sind."

„Das ist doch nicht nötig", wehrte Opa ab. „Ich schließe es ab und hole es morgen. In Brehl kommt eigentlich nichts weg. Hier wird nicht gestohlen."

„Nee … Nur ne Bank ausgeraubt", brachte es Onkel Anton auf den Punkt.

# KAPITEL 2

## KEIN FALL FÜR ANTON!

„Darum sollt ihr vollkommen sein, gleichwie euer Vater im Himmel vollkommen ist." Auf ihrem Weg zur Haustür fiel Sophias Blick automatisch auf den Vers aus dem Matthäusevangelium. Ihr Gesicht verdüsterte sich. Den Spruch hatte sie gefühlt schon tausendmal gelesen, seit Rahel und Silas in ihr neues Zuhause eingezogen waren. Niemand kam an ihm vorbei, wenn er das Haus verlassen oder betreten wollte. Genau wie in Opa Schmicklers Altbau hingen auch hier bei Hannah und Paul Schmickler ein paar schlaue Sprüche im Flur. Die meisten stammten aus der Bibel, wie der, über den sich Sophia gerade ärgerte und von dem sich ihre Augen trotzdem immer wieder magisch angezogen fühlten. *Wer, bitte, ist denn schon vollkommen?*, fragte sie sich wieder einmal. Vollkommen: Das hieß ja wohl ungefähr so viel wie ohne Fehler. Aber niemand war perfekt. Dazu gab es sogar das passende Sprichwort: *Nobody is perfect*. Jedenfalls kein Mensch. Wusste Gott das nicht besser als jeder andere? Warum verlangte er dann so etwas von denen, die sich Christen nannten? Und warum hängten Schmicklers das dann noch auf? Wollten sie sich selbst frusten?

„M… Mach mal auf!", rief Onkel Anton von draußen.

Er klopfte an die Scheibe und klingelte zum zweiten Mal.

„Du meine Güte, was ist denn?“, fragte Sophia, nachdem sie die Tür geöffnet hatte.

Sie war die Einzige, die noch angezogen und nicht im Bad gewesen war.

„P… P… Papa sagt, ihr sollt rüberkommen, wenn ihr wollt. Die Po… Polizei ist da. Die Bank wurde ausgeraubt.“

Sophia riss die Augen auf. Hannah Schmickler erschien hinter ihrem Gast. Sie hatte die Zahnbürste noch im Mund und Zahnpasta auf der Unterlippe.

„Wasch is los?“, nuschelte sie ihren Schwager an.

„D… Das is explodiert, und Ronny …“

„Was?! Was ist mit Ronny?“, rief Silas dazwischen.

Er kam die Treppe heruntergesprungen. Beinahe wäre er im Schlafanzug über den Hof gerannt, aber Paul Schmickler ergriff ihn am Ärmel.

„Einen Moment, mein Sohn. Zieh dir was über.“

„Nix, nur d… das Rad is Schrott“, berichtete Anton. „Papas Polizeirad.“

„Nicht schon wieder“, sagte Rahel. Sie trug bereits ihren Jogging-Anzug. Dank ihres guten Gehörs hatte sie den Streifenwagen als Einzige bemerkt, der eben auf den Hof gefahren war, und sich direkt wieder angezogen. Gleich darauf waren Opa, Anton und Caruso vom Gassi-Gehen zurückgekommen. Dann hatten Ronny und zwei Beamte den Streifenwagen verlassen, um in Opas Haus zu gehen. Im nächsten Moment hatte Anton an der Haustür geklingelt. Jetzt schlüpfte Rahel an ihrem Vater vorbei. „Komm, Anton, wir gehen schon mal rüber. Bringst du Papier und Stift mit, Silas? Danke.“

„Klar, Chef“, sagte Silas. „Sonst noch irgendwelche Wünsche an das Geburtstagskind?“

Rahel sah auf die Uhr. Es war weit nach Mitternacht.

„Dein Geburtstag ist vorbei“, sagte sie und trat auf den Hof.

Paul Schmickler ließ seinen Sohn los. Dann griff er nach seinem Mantel und zog ihn über den Schlafanzug.

„Die Nacht wird kürzer, als ich dachte“, sagte er zu seiner Frau.

Hannah Schmickler lächelte ihn an.

„Vielleicht kannst du im Büro einen Mittagsschlaf machen“, schlug sie vor.

„Du hast Vorstellungen“, murmelte Paul Schmickler mürrisch, und das Lächeln auf dem Gesicht seiner Frau verschwand.

Fünf Minuten später traf sich die ganze Familie mit Ronny und Sophia in Opas Wohnzimmer. Die Teenager hatten sich mit Anton auf das Sofa gequetscht, Mama und Papa Schmickler gemeinsam in einen der beiden Sessel. Opa saß auf dem anderen. Ronny und die zwei Polizeibeamten, die mit hereingekommen waren, hatten es nicht ganz so bequem. Sie saßen auf Holzstühlen am Esstisch, vor sich einen dampfenden Tee. Rahel roch Pfefferminze – neben Ingwer Mamas Allheilmittel. Polizeihauptkommissar Bertram von der Polizeiinspektion Brehlweiler war allen Anwesenden bekannt. Die Detektei hatte schon öfter mit ihm zu tun gehabt. Seinen uniformierten Anblick waren sie also gewöhnt. Seine junge blonde Kollegin von der Kriminalpolizei aus Koblenz war dagegen normal gekleidet. Neben ihrem Tee stand ein kleines schwarzes Kästchen, das Rahel sofort als Aufnahmegerät erkannte. Das Tonband war allerdings schon aus, denn Ronny hatte bereits alles gesagt, was er wusste. Jetzt wandte sich die fremde Beamtin noch einmal an den großen Jugendlichen.

„Wir wären dann so weit. Wenn dir noch etwas einfällt, Ronny, dann melde dich jederzeit.“

Sie reichte ihm eine kleine Karte über den Tisch.

„G… Grade hat der andere noch ‚Herr Till' zu Ronny gesagt", flüsterte Anton in Sophias Ohr.

„Das mache ich, Frau Rinden. Vielen Dank."

Ronny nickte. Er sah müde aus, aber nicht mehr so blass wie vorhin. Herr Bertram schob seinen Stuhl zurück, stand aber noch nicht auf, sondern griff nach seinem Tee.

„Kann ich noch etwas fragen?", meinte Ronny.

„Sicher", sagte die Kriminalbeamtin.

„Das ist ja nicht der erste Automat, der dieses Jahr hier im Landkreis gesprengt wurde."

„Nein", antwortete die Kommissarin knapp.

„Ich weiß, dass es schon eine ganze Serie von Anschlägen auf Geldinstitute gab", fuhr Ronny fort. „Wenn ich mich richtig erinnere: Saffig, Mayen, Polch und …"

Ronny stockte.

„Niederzissen", half Rahel ihm aus.

„Richtig", sagte Herr Bertram und pustete auf seinen Tee.

„Ich sehe, da verfolgt jemand unsere Pressemitteilungen." Frau Rinden nickte anerkennend.

„Warum macht man so etwas? Lohnt sich das überhaupt noch?", fragte Ronny.

Die fremde Polizistin packte das Tonband in ihre Tasche und legte die Hände um ihre Tasse.

„Eine sehr gute Frage. In der Regel erbeuten die Täter keine großen Summen. Da wäre ein klassischer Bankraub lukrativer. Aber es gibt nicht mehr so viele Banken wie noch vor ein paar Jahren. Immer mehr Filialen werden geschlossen."

„Leider!", seufzte Mama. „Ich bin so froh, dass wir unsere in Brehl noch haben."

„Geldautomaten gibt es dagegen sehr viel häufiger, auch wenn sie vergleichsweise geringe Bargeldbestände haben."

„Aber Hacken oder andere Cybertricks wären doch trotzdem viel einfacher. Es ist kinderleicht, und ... die Summen sind viel höher", meinte Ronny.

„Hört, hört", sagte Opa Schmickler leise zu Mama. „Ich hoffe, er hat es noch nicht ausprobiert."

Rahel hatte einen Block auf den Knien und schrieb mit. Herr Bertram nickte nun auch.

„Ja, das stimmt. Aber Täter, die Geldautomaten sprengen, sind in der Regel weniger gebildet als Hacker oder Cyberkriminelle. Sie können das einfach nicht, Ronny. Und im Vergleich zu einem Banküberfall ist der Angriff auf einen Geldautomaten immer noch weniger riskant", erklärte er. „Gesprengt wird überwiegend in der Nacht. Da gibt es keine Zeugen in der Nähe. Und man muss keine Angestellten oder Kunden der Bank bedrohen, um an das Geld zu kommen. Deshalb sind die Strafen geringer, wenn man geschnappt wird. Auch deswegen hat die Zahl der Automatensprengungen zugenommen."

„Wie oft kommt das vor?", fragte Rahel.

Die fremde Beamtin übernahm die Antwort. Es hörte sich so an, als hätte sie zu diesem Thema schon oft einen Vortrag gehalten.

„Im vorigen Jahr gab es bundesweit 414 Fälle. Das ist die höchste Zahl seit Beginn der Statistik des BKA ab 2005. Früher hat man übrigens meist Gas in die Bankomaten geleitet und gezündet. Doch inzwischen haben die Banken nachgerüstet. Viele Automaten sind technisch so ausgestattet, dass sie das Gas erkennen, neutralisieren und die Explosion unmöglich machen."

„Die... Die neuralisieren das, haste gehört, Rahel?", fragte Onkel Anton ernst, obwohl seine Nichte neben ihm saß.

Die Polizistin lächelte.

„Deshalb sind die Banden auf Festsprengstoff ausgewichen. Leider richtet der viel größere Schäden an als das Gas.

Und es ist nicht ungefährlich für Anwohner, Passanten oder Einsatzkräfte. Wir sind also froh, dass Ronny nicht verletzt wurde, obwohl er zufällig vor Ort war."

„Können sich die Täter bei solchen Methoden denn nicht auch selber verletzen?", fragte Sophia nachdenklich.

„Natürlich, wenn sie sich nicht schnell genug entfernen, die Sprengkraft unterschätzen oder einen Blindgänger aufheben. Es kommt auch öfter vor, dass sie bei ihrer halsbrecherischen Flucht einen Unfall bauen. Doch auch das bedeutet nicht zwingend, dass wir sie erwischen. Sie flüchten meist zu Fuß weiter und sind über alle Berge, ehe ein Streifenwagen vor Ort ist."

Rahel notierte eifrig.

„Aber ab und zu kriegen wir schon einen, oder?", warf Herr Bertram ein und grinste.

Frau Rinden lachte kurz.

„Ja, natürlich. Wenn uns auch einmal eine geschlossene Schranke zu Hilfe kommt. Manchmal braucht man eben auch Glück."

„Aber noch mal zurück zur Sprengung", sagte Herr Bertram. „Da so ein Festsprengstoff schwer zu beschaffen ist und bei solchen Taten regelmäßig mehrere Personen arbeitsteilig zusammenarbeiten, rechnet man die Automatenknackerszene dem organisierten Verbrechen zu. Sagt euch das etwas?", fragte Herr Bertram.

„Klar", sagte Rahel, ohne aufzuschauen. Ihr Stift raste über das Papier.

„Rahel?", fragte Herr Bertram. „Klingelt da was?"

Jetzt sah Silas' Schwester kurz hoch.

„Nein. Was soll da klingeln?"

„Deine innere Alarmglocke", antwortete Herr Bertram.

Ronny fasste sich unwillkürlich ans Ohr. Zum Glück war wieder alles still. Sein Gehör hatte sich beruhigt.

„Und das heißt: Finger weg!“, erklärte der Polizeihauptkommissar. „Das ist kein Fall für die Detektei Anton. Habe ich mich klar genug ausgedrückt?“

„V… Vollkommen klar“, sagte Onkel Anton. „Nix für Anton.“

„Aber so was von.“ Rahel sah den Polizisten aus Brehlweiler aufmerksam an. „Ich hatte nur vor, einfach so Informationen zusammenzutragen und alle Berichte sammeln. Wir wollen nur dazulernen.“

Überrascht sah Silas zu seiner Schwester. Was erzählte sie da? Das war ja etwas ganz Neues: Rahel und lernen wollen. Auch Ronny guckte zweifelnd. Einfach nur so machte Rahel seiner Erfahrung nach selten etwas. „Ich möchte nämlich Polizistin werden.“

Mama zog hörbar die Luft ein, sagte aber nichts. *Krass! Sie meint es tatsächlich ernst!*, dachte Silas. Die Beamtin nahm Rahel beim Wort.

„Wenn das so ist, freuen wir uns natürlich. Als zukünftige Kollegin interessieren dich dann ja bestimmt noch ein paar weitere Informationen, oder?“

„Alles“, sagte Rahel.

„Alles kann ich natürlich nicht verraten. Aber in der Regel sind es zwei bis fünf Täter, die solche Raubzüge begehen. Sie bereiten sich professionell vor, kleiden sich dunkel und vermummen sich.“

„Stimmt“, sagte Ronny. „Deshalb konnte ich auch keine Gesichter erkennen oder auffällige Kleidung oder Tattoos.“

„Leider gibt es in den allermeisten Fällen auch kaum Spuren zu finden, da die Sprengung vieles vernichtet. Typisch ist außerdem das waghalsige Fluchtverhalten, wie Ronny es auch beschrieben hat. Oft benutzen die Täter PS-starke Fahrzeuge mit Spitzengeschwindigkeiten von über zweihundertfünfzig km/h und achten darauf, dass eine Autobahn in der

Nähe ist." Sie guckte ernst. „Deshalb lasst euch nicht einfallen, euch vor bestimmten Automaten auf die Lauer zu legen. Mit den Typen ist wirklich nicht zu spaßen."

„Das haben wir verstanden", sagte Ronny und gähnte.

Er dachte daran, wie knapp der Wagen an ihm vorbeigefahren war, und hatte keine Lust, beim nächsten Mal einen Zusammenstoß zu riskieren. Nun standen die Beamten wirklich auf und verabschiedeten sich.

„Dann wünschen wir allen noch eine ruhige Rest-Nacht."

Papa bedankte sich im Namen aller, und Opa brachte seine Kollegen zur Tür.

„Ich fahre euch morgen alle vier mit dem Auto zur Schule", versprach Mama und sammelte die Teetassen ein. „Dann könnt ihr ein wenig länger schlafen." Rahel drückte sie dankbar. „Ronnys Mutter weiß Bescheid, dass er nun doch bei uns schläft."

„Obwohl er schon groß ist", sagte Sophia und guckte zu Ronny.

Doch statt einer Antwort gähnte der nur schon wieder.

# KAPITEL 3

## DRAMA AUF DEM SCHULHOF

Rahel schien sich in der Nacht bei Ronny angesteckt zu haben, denn sie gähnte zum zehnten Mal in dieser Stunde. Auch Sophias Unterkiefer klappte wie von selbst nach unten. Beide Mädchen konnten vor Müdigkeit kaum die Augen offenhalten. Es ging auf die zweite große Pause zu, und die schlechte Luft im Klassenraum der 9a des Matthias-Claudius-Gymnasiums tat ihr Übriges. Dazu kam, dass das Thema der Englischstunde einen nicht gerade vom Hocker riss: die wirtschaftliche Rolle Großbritanniens in Europa, der Brexit und seine Folgen für das Bruttosozialprodukt Englands. Langweilig, und irgendwie kam Rahel gerade nicht mehr mit. Sie beugte sich zu ihrer Freundin.

„Gut, dass morgen kein Unterricht ist. Cool, dieser *Girls' Day*, oder?“, flüsterte sie. „Da lernen wir Berufe kennen, in denen nur wenige Frauen arbeiten.“

„Jaaa. Echt super, dass dein Vater uns mit in seine Firma nimmt“, antwortete Sophia genauso leise. „Wir kriegen sogar eine Führung durch das ganze Gebäude.“

„Klar, mit einer Managerin, ‚einem weiblichen Vorbild in einer Führungsposition‘, hat Papa gestern gesagt.“ Sie dachte kurz daran, dass ihr Vater im Moment so viele Überstunden wie noch nie machte und ziemlich gereizt war. Selbst gestern, als sie Silas' Geburtstag gefeiert hatten, musste er noch irgendwelche Akten bearbeiten und hatte das Kaffeetrinken verpasst. Mama war sauer gewesen. Wenn das der Preis war, dann wollte sie lieber auf Papas Führungsposition verzichten. Doch dann verdrängte Rahel den traurigen Gedanken. „Frau Samsone kommt übrigens aus Italien. Du kannst sie auch auf Französisch und Spanisch anquatschen", erklärte sie Sophia.

„Mach ich. Also, das mit dem Französisch. Spanisch überlasse ich deinem Bruder."

Sophia stützte den Kopf auf ihrer Hand ab und schloss kurz die Augen.

„Ich hoffe, sie spricht auch Deutsch", seufzte Rahel. „Ich kann gerade nicht mal auf Englisch folgen."

Sophias Kopf war eingeschlafen und rutschte von der stützenden Hand. Kurz vor der Tischplatte wachte er auf. Rahel kicherte, als ihre Freundin vor Schreck die Augen aufriss. Die Lehrerin guckte stirnrunzelnd in ihre Richtung. Eine Weile bemühte sich Rahel, aufmerksam auszusehen. Dann setzte sie ihr Gespräch mit Sophia fort.

„Stell dir vor, Papas Betrieb ist so groß, dass er einen eigenen Sicherheitsdienst und eine Werksfeuerwehr hat. Die Security finde ich noch spannender als das Labor. Ich will ja zur Polizei. Ein Chemiestudium ist nichts für mich", erklärte Rahel Sophia.

„Für mich auch nicht."

Ihre Freundin gähnte leise hinter vorgehaltener Hand.

„Ich weiß."

Obwohl Herr und Frau Mombauer beide Chemiker waren, interessierte Sophia sich nicht so sehr für Naturwissenschaften. Jedenfalls tat sie so. Ihre Noten in Physik und Mathe waren trotzdem besser als Rahels. Das war auch nicht schwer. Jetzt legte Rahel ihren Kopf auf die Tischplatte, während Sophia schon wieder gähnte, diesmal herzhaft und aus Versehen mit dem entsprechenden Geräusch.

*„Miss Mombauer, I am so sorry to bore you. But would you please answer? What did Boris Johnson say to Theresa May after he won the election?"*

Rahels Kopf fuhr in die Höhe, und auch Sophia war schlagartig wach. Sie hatte zwar nicht alles von dem verstanden, was die Englischlehrerin gerade gesagt hatte, doch der Tonfall ging eindeutig in Richtung *not amused*. Frau Wendland war nicht begeistert von Sophias Verhalten.

„Es … es tut mir leid", entschuldigte sich das Mädchen auch sofort. „Aber ich habe keine Ahnung, was Boris Johnson nach seinem Wahlsieg zu Theresa May gesagt hat."

„Wer ist das überhaupt?", wisperte Rahel vor sich hin.

„Rahel und ich hatten nur kurz über den *Girls' Day* morgen gesprochen", erklärte Sophia der Lehrerin.

*„I see"*, sagte Frau Wendland und öffnete das Klassenbuch. „Dann schlage ich vor, dass du uns zu Beginn der nächsten Stunde die Argumente für und gegen den Austritt Großbritanniens aus der EU kurz zusammenfasst. Du darfst das mündlich und von hier vorne tun."

Sophia stöhnte.

„Gern geschehen", sagte Frau Wendland. „Du hast Glück, dass unsere morgige Stunde wegen des Mädchen-Zukunftstags ausfällt. So kannst du dir bis Freitag Zeit lassen."

„Super", sagte Rahel.

„Rahel ist sicher gern bereit, dir zu helfen, *aren't you, Miss Schmickler?"*

Rahel nickte entsetzt.

Erst in der Pause auf dem Schulhof wagten es die beiden Freundinnen wieder, über den morgigen Ausflug nach Leverkusen zu reden.

„Um sechs fahren wir los?", fragte Sophia. Rahel nickte und gähnte gleich bei dem Gedanken an den frühen Start. „Ich habe die Info-Mappe mit dem Stundenplan, die uns dein Vater letzte Woche mitgebracht hat, schon durchgeblättert."

Rahel gucke schuldbewusst.

„Ich nicht."

„Macht ja nichts." Sophia schraubte ihre Thermosflasche auf. Sie enthielt lauwarmen Milchkaffee. Skeptisch blickte Sophia in die Flasche. Dann goss sie die Hälfte von dem Gebräu in den Becher und reichte ihn ihrer Freundin. Sie selbst trank aus der Flasche und leerte sie in einem Zug. Sie verzog das Gesicht.

„Schmeckt eklig", sagte Sophia.

„Hauptsache, es hilft", meinte Rahel und setzte den Becher an den Mund. Sie probierte und hätte den Milchkaffee beinahe wieder ausgespuckt. Das lag aber nicht am Geschmack, sondern an dem, was sie sah, als sie den Kopf zum Trinken anhob.

„Ich fasse es nicht! Guck mal, da hinten", raunte sie Sophia zu. „Da, in der Raucherecke."

Ihre Freundin drehte sich neugierig um. In der hintersten Ecke des Schulgebäudes, am Ende des Schulhofs, trafen sich die Lehrer und volljährigen Schüler, die auch an sonnigen Tagen Freude daran fanden, für ein paar Minuten hinter Nikotinwolken zu verschwinden. Aber auch ein paar Jugendliche, die noch nicht öffentlich rauchen durften, weil sie nicht alt genug waren, gesellten sich stets dazu.

„Nein!", stieß Sophia hervor. „Sind das etwa Nick und … und Viola?!"

„Ja", meinte Rahel grinsend. „Eindeutig. Und sie sind sich sehr nah, wenn du mich fragst."

„So kann man es auch ausdrücken." Sophia stieß Rahel in die Rippen. „He, hör auf zu grinsen. Die knutschen, das ist nicht lustig. Der ist doch mit Nora zusammen."

„Seit heute wohl nicht mehr", stellte Rahel fest und kippte den Rest Kaffee herunter.

„Unglaublich! Findest du das nicht gemein? Wie kann man so etwas machen? Viola ist doch Noras beste Freundin."

„Ich denke, Viola **war** Noras beste Freundin", stellte Rahel sachlich fest.

„Das hat nicht mal Nora verdient."

Sophia biss sich auf die Lippe. Rahels Mitleid dagegen hielt sich in Grenzen. Die unzertrennlichen Zicken Viola und Nora hatten Sophia nicht nur einmal wegen ihrer Hautfarbe gehänselt oder sich über ihre Haare lustig gemacht. *Bounty* oder *Kokosnuss* waren noch die harmlosesten Namen gewesen, die sie ihrer Freundin verpasst hatten. Sie gab Sophia den Deckel der Thermosflasche zurück.

„Pass auf. Es wird spannend", sagte sie.

„Warum?"

„Ich wette, Nora wusste es noch nicht. Da! Jetzt hat sie es gecheckt. Sie sieht aus wie der Rächer persönlich. Gleich fließt Blut."

„Ach, Quatsch", sagte Sophia und packte die Thermosflasche weg.

„Was geht denn da ab?", fragte Silas, der in diesem Moment mit Ronny zu den Mädchen stieß. Die Jungs waren noch kurz im Sekretariat gewesen, um auf den letzten Drücker ihre Anmeldebögen für den *Boys' Day* einzureichen. Ronny hatte die Lage auf den ersten Blick erfasst.

„Ich glaube, Nora vergisst gerade das Gebot der Nächstenliebe", sagte er.

„Das kennt sie gar nicht", behauptete Rahel überzeugt.

„Dann wäre sie letzte Woche wohl doch besser meiner Einladung zum Teenkreis gefolgt", sagte Ronny.

Im Jugendtreff der kleinen freien evangelischen Gemeinde besprach Pastor Werner Schrober gerade mit den Jugendlichen das Gleichnis vom barmherzigen Samariter, und Ronny hatte sich als Einziger getraut, Nora dazu einzuladen. Er war ein bisschen gekränkt, dass diese dankend abgelehnt hatte.

„Jedenfalls besser für Nick", meinte Rahel.

„Ihr beide habt Werner wohl auch nicht richtig zugehört, oder?" Sophia klang empört. „Sonst wärt ihr barmherziger und hättet Mitleid. Oh, oh, gleich kracht's", jammerte sie. „Könnt ihr nichts tun, Jungs?"

Der wütende Teenager hatte das Pärchen fast erreicht. Nick und Viola hielten sich eng umschlungen und bekamen nichts von dem mit, was sich um sie herum abspielte. Auch Nora sahen sie nicht.

„Das sollen sie unter sich klären", meinte Ronny. „Sie sind alt genug, und soweit ich sehe, hat Nora keine Waffe dabei."

Der große Junge grinste. Sophia schüttelte den Kopf. Jetzt war Nora bei Nick und Viola angekommen. Sie brüllte etwas, und die beiden Küssenden trennten sich ruckartig voneinander. Nora brüllte weiter und holte dann kräftig aus. Kurz darauf klatschte ihre Hand in Nicks Gesicht. Der war wohl noch so im siebten Himmel, dass er vergaß, sich gegen den Angriff zu schützen. Erst als sein Kopf zur Seite flog, landete er unsanft auf dem Boden der Tatsachen.

„Du Arschloch!", kreischte Nora.

Dann ging sie auf Viola los. Mit langen Krallenfingern griff sie in die sorgfältig frisierten Haare ihrer ehemaligen Freundin und zerrte daran. Viola schrie auf und fasste sich an den Kopf. Vergeblich versuchte sie, Noras Arm zu erreichen.

„Spinnst du total?", stieß Nick hervor und machte Anstalten, sich auf Nora stürzen.

Die hatte Viola endlich losgelassen und wich vor Nick zurück. Als sie sich umdrehte, fiel ein blondes Büschel Haare aus ihrer Hand. Schnell trat ein rauchender Lehrer, der die Hofaufsicht führte, zwischen die beiden.

„Beruhige dich, Nick!“, verlangte er und fasste den jungen Mann an der Schulter.

„Wieso ich?“, schrie Nick, presste dann aber die Lippen aufeinander und legte eine Hand auf seine schmerzende Backe. Viola heulte, als sie die Haare auf dem Boden sah, und warf Nora ein Schimpfwort hinterher. Die beachtete sie aber nicht, sondern stolzierte auf die hintere Schultür zu.

„Was für ein Drama“, sagte Rahel.

„Und es ist glimpflich abgegangen, sag ich doch“, meinte Ronny zufrieden darüber, dass er die Situation richtig eingeschätzt hatte. „Haare wachsen nach.“

Sophia schwieg. Sie mochte keinen Streit, ganz egal, um wen es sich handelte. Silas beschloss, sie aufzumuntern. Ein Themenwechsel schien ihm das richtige Mittel. Der schulfreie Tag morgen bot Ablenkung und eine erfreuliche Aussicht zugleich.

„Gut, dass sie sich morgen aus dem Weg gehen können. Am *Girls'* und *Boys' Day* trennen sich Jungs und Mädchen. Nick kann einen ganzen Tag an seiner Sozialkompetenz arbeiten, und Viola und Nora werden wahrscheinlich in einem Labor Gifttränke füreinander brauen.“

Doch Ronny lachte als Einziger über Silas' Witz.

„Was macht ihr eigentlich?“, fragte Rahel ihren Bruder. „Hat das jetzt geklappt mit der Caritas?“

„Ja“, antwortete Silas. „Ronny und ich werden Onkel Anton in der Werkstatt besuchen.“

„Obwohl ich so einen Praktikumstag eigentlich nicht brauche“, maulte Ronny. „Mein Berufswunsch steht fest. Aber Anton freut sich schon. Das ist es wert.“

„Ich weiß, *Mr. Perfect.* Du studierst Informatik und verdienst das große Geld“, sagte Rahel.

Ronny sah auf sein T-Shirt. Er hatte eine Vorliebe für lustige Sprüche. Heute standen zwei englische Sätze auf dem schwarzen Stoff: *„Nobody is perfect. My name is nobody.“*

„Du hast es erfasst, Sherlock."

Mit diesem Spitznamen zog Ronny Silas' Schwester manchmal auf. Es war seine kleine Revanche für Rahels spitze Zunge, deren Opfer er anfangs oft geworden war. Rahel hatte sich schwer damit getan, Ronny als Silas' Freund und Mitglied der Detektei zu akzeptieren. Doch seit sie sich entschieden hatte, ihr Leben mit Gott zu leben, so wie ihr Bruder, fiel es ihr leichter, Ronnys Spitzen nicht zu erwidern. Manchmal war sie sogar regelrecht freundlich zu ihm.

„Tut dir ganz gut, mal in einen sozialen Beruf hineinzuschnuppern. Wer weiß, vielleicht gefällt dir die Arbeit mit den Behinderten", sagte sie jetzt nur.

Ronny zuckte die Schultern.

„Auf jeden Fall besser als Kindergarten, Grundschule oder Krankenhaus."

„Ich wäre auch ins Krankenhaus oder ins Altenheim gegangen. Leider war ich zu spät", ärgerte sich Silas. „Aber Werkstatt ist immer noch besser als ein Seminar zu Männlichkeitsbildern."

„Alles ist besser als Unterricht", stellte Ronny fest. „Gibt es eigentlich etwas Neues zu den Bankräubern?"

„Nein", sagte Silas. „Und wenn, dann erfahren wir es auch nur aus der Zeitung oder dem Internet, hat Opa mir vor dem Frühstück noch erklärt. Ich habe auch gedacht, dass Zeugen vielleicht eher informiert werden. Aber die Polizei hat so schon zu viel zu tun. Du kriegst nur eine schriftliche Mitteilung, wenn sie dich als Zeugen vor Gericht brauchen, Ronny. Und bei dem, was du gesehen hast oder besser nicht gesehen hast, ist das ziemlich unwahrscheinlich."

„Ist schon okay. Wir sollen uns ja eh raushalten", meinte Ronny.

„Und das tue ich auch", bestätigte Sophia mit einem Seitenblick auf Rahel. „Sah ganz schön übel aus vor der Sparkasse, als wir da heute Morgen vor der Schule vorbeigefahren sind. Obwohl der Bürgersteig schon wieder sauber gefegt war. Schlimm, diese Zerstörung."

„Und überleg mal, was das kostet, das zu reparieren. Die brauchen nicht nur einen neuen Automaten. Der Schaden ist zigmal höher als die Beute", sagte Rahel. „Ich könnte mir vorstellen, dass die Sparkasse ganz schön froh ist, wenn jemand die Täter fasst."

„So froh, dass es eine hohe Belohnung für denjenigen gibt?", fragte Ronny interessiert.

„Die sind bestimmt versichert", meinte Silas. „Da ist nichts zu holen."

„Versicherungen sind auch reich", sagte Rahel und guckte wissend. „Vielleicht zahlen die eine Belohnung." Dann sah sie Sophias ängstliches Gesicht und lachte. „Spaß! Keine Angst, wir lassen die Finger davon", versprach sie ihrer Freundin. „Um die Panzerknackerbande kümmert sich die Polizei."

„Gut", sagte Sophia beruhigt. „Wir wollen ja auch eigentlich herausfinden, wer Caruso vergiftet hat." Sie seufzte. „Meint ihr, wir kommen da irgendwie weiter?"

„Schwierig", antwortete Silas. „Leider haben wir keinen Verdächtigen mehr und auch sonst keinen Anhaltspunkt, oder?"

„Nein. Noch einmal den Garten abzusuchen hat auch keinen Zweck. Wir haben jeden Stein umgedreht und nichts gefunden", sagte Rahel.

„Dann checken wir eben genauer, welche Firmen das Zeug herstellen, das in dem Giftköder war", sagte Ronny.

„PlantEx?", fragte Sophia. „Beziehungsweise ein Bestandteil dieses Pflanzenschutzmittels, dieses Gluxiphat?"

„Ja. Das ist auch das Einzige, was mir noch einfällt", meinte Silas. „Mehr über das Gift herauszufinden. Vielleicht finden wir irgendeine Verbindung. Und bei Papas Firma fangt ihr morgen an. Fragen kostet nichts."

„Also kein Treffen heute in der Zentrale?", fragte Sophia.

Rahel schüttelte den Kopf.

„Es gibt nichts zu besprechen. Lass uns die Zeit lieber für das dämliche Referat nutzen", stöhnte sie.

# KAPITEL 4

## BOYS' AND GIRLS' DAY

„U… Und das ist mein Stuhl“, erklärte Anton Ronny. Stolz thronte er auf seinem Sitzplatz am Arbeitstisch. Dann hob er die Füße vom Boden und drehte sich im Kreis wie auf einem Karussell. „Hui!“, machte er dabei. Seine Kollegen am Tisch lachten. Auch Birgit, die Sozialarbeiterin, die für Anton und ein paar weitere Angestellte zuständig war, lachte mit.

„Ich dachte, du arbeitest hier“, sagte Silas grinsend.

„T… Tu ich doch auch.“

„Sieht eher nach Spielplatz aus“, zog sein Neffe ihn auf.

„Nee. N… Nach A… Arbeitsplatz.“

Onkel Anton rollte näher an den Tisch heran. Der angenehm warme Raum hatte ein großes Fenster, durch das man den Hof der Caritas-Werkstatt überblicken konnte. Alle Gebäude lagen wie ein Rahmen um dieses offene Zentrum herum, auf dem sich die Parkplätze für die Besucher und Angestellten befanden. Auch der Fuhrpark der Werkstatt wartete dort auf seinen nächsten Einsatz. Der Caritas standen zwei kleine Transporter mit Ladefläche, sogenannte Pritschen-Wagen, zur Verfügung. Mit denen fuhren sie für das Grünflächenamt der Stadt Burgenach hinaus. Auch Onkel Anton half gern und oft dabei, die städtischen Bäume, Büsche und Beete zu pflegen. Außerdem besaß die Werkstatt drei Kleinbusse für Ausflüge in die Umgebung.

Nur an einer Seite des Hofes waren keine Gebäude. Dort befand sich das breite Eingangstor, das sich per Fernbedienung öffnen und schließen ließ. Links und rechts davon schloss sich ein hoher Metallzaun an, durch den man hinein- und hinausschauen konnte. Tagsüber blieb das Tor geöffnet. Onkel Anton griff nach links zu einem kleinen Turm von offen ineinander gestapelten Pappkartons. Er nahm einen Karton vom Stapel und stellte ihn vor sich auf die Tischplatte. Dann holte er ein kleines Metallteil aus der Kiste, die zu seiner Rechten stand. Suchend sah er auf die etwa DIN-A4 große Karte, die vor ihm auf dem Tisch lag. Darauf waren Fotos von Metallteilen abgedruckt. Wie bei einem Puzzle fand Onkel Anton die passende Abbildung und legte das Metallteil darauf.

„D… Das sind Autoteile", erklärte er.

„Sind die nicht ein bisschen klein?", fragte Silas und trat näher.

„Z… Zubehör is das", erklärte Anton ein bisschen genauer.

„Wofür?"

„F… Für die Bremsen."

Er griff nach dem nächsten Teil und verglich es mit den Fotos auf der Karte, bevor er es an der passenden Stelle ablegte. Als die Karte voll war, wanderten alle Zubehörteile in den Karton. Während Silas ihm eine Weile zusah, schlenderte Ronny durch den Raum. An einer Pinnwand entdeckte er einen Zeitungsausschnitt, der die Detektei Anton zeigte. Darüber stand die Überschrift: „Wilderer in Brehl gefasst". Darunter noch eine zweite, kleiner gedruckte Titelzeile: „Tiere wieder sicher vor Giftanschlägen." Auf dem Bild waren die vier Teenager recht klein im Hintergrund und Onkel Anton groß im Vordergrund zu sehen. Er kniete neben seinem Caruso und guckte genau in die Kamera des

Reporters. „Anton Schmickler und sein Riesenschnauzer", stand unter dem Foto. Direkt daneben war eine Anzeige für Paul Schmicklers Rechtsanwaltskanzlei. Der Zeitungsleser erfuhr, dass Antons Bruder nun in Brehl ansässig und Spezialist für Arbeitsrecht und internationales Wirtschaftsrecht war.

„Bist ja ein ganz bekannter Mann", sagte Ronny in Onkel Antons Richtung.

„Aber nur heute", antwortete Anton und grinste breit.

„Och, eine Woche lassen wir das schon hängen, Anton", meinte Birgit. „Ich bin ganz schön stolz auf deinen Onkel, Silas."

„Wir ... auch", meldete sich Andreas Gastian zu Wort, einer von Antons Kollegen am Tisch. Sein Bruder Dirk nickte ernst. Die Gastian-Geschwister waren von klein auf Onkel Antons Freunde. Vor Kurzem hatten alle drei ihr Zertifikat für Montage und Verpackung erworben, und nun arbeiteten sie sogar in der gleichen Abteilung der Caritas-Werkstätten.

„Ich finde ... es gut, dass ... keine Tiere ... mehr vergiftet ... werden", sagte Andreas in der ihm eigenen langsamen Redeweise. Er hatte kräftige Oberarme und große, muskulöse Hände.

„Quäle nie ein Tier zum Scherz, denn es fühlt wie du den Schmerz", zitierte Dirk mit erhobenem Zeigefinger. Er liebte Sprichwörter und den gleichen Fußballclub wie Onkel Anton: Borussia Dortmund.

„So, nun zeige ich euch noch die Küche und die Kantine, und dann gibt es für jeden von euch eine kleine Aufgabe, die euch bis zum Mittagessen beschäftigt", versprach Birgit Ronny und Silas. „Schließlich sollen unsere Praktikanten den Angestellten nicht nur bei der Arbeit zusehen, sondern auch selbst mit anpacken."

„Geht klar", meinte Ronny und verabschiedete sich. „Tschüss zusammen."

„Du hast … eine super … Frisur!“, sagte Andreas zu Ronny und zeigte lächelnd auf dessen Pferdeschwanz.

„Danke“, antwortete Ronny grinsend. Ihm gefiel es immer besser in der Werkstatt. „Du auch.“

Andreas strich sich lächelnd über seinen dunkelblonden Haarkranz.

In die Küche und die Kantine warfen die Praktikanten nur einen kurzen Blick. Mittlerweile ging es auf 11 Uhr zu. Zu der Zeit herrschte bei den Köchen Hochbetrieb, da war jeder Fremde im Weg. Deshalb schickte Birgit Silas zurück zu den Kartonpackern. Mit Ronny ging sie kurz in die Verwaltung. Ihm verschlug es die Sprache, als er die Computer sah, die dort standen.

„Ist das eine heiße Anlage!“, sagte er dann bewundernd. „Wofür braucht man denn hier das neuste Zeug?“

Birgit stemmte die Hände in die Hüften und tat entrüstet.

„Was denkst du denn?“, fragte sie. „Wir haben eine Menge Papierkram zu erledigen. Schließlich sind wir ein großer Betrieb. Jeder Angestellte hat eine eigene dicke Akte, und wir müssen unendlich viele Vorschriften beachten.“ Sie seufzte. „Wir halten Kontakt mit Tausenden Ämtern und möglichen Arbeitgebern. Für alles und jeden sind wir Rechenschaft schuldig und müssen haarklein dokumentieren. Dazu kommen die Arbeitspläne aller Angestellten. Urlaub, Krankheit, Kunden, Fristen … so was muss eingetragen und aufeinander abgestimmt werden. Das läuft alles digital. Kennst du dich mit Computern aus?“

„Logo“, meinte Ronny. „Bin schon ewig in der Computer-AG der Schule.“

„Dann kannst du dich gerne mal heute Nachmittag hier dran versuchen. Das Ding treibt mich manchmal zur Verzweiflung.“

„Mach ich doch glatt“, stimmte Ronny zu.

Während Birgit ein paar Sachen zusammensuchte, guckte Ronny aus dem Fenster, das auch hier auf den Hof zeigte. Ein Pkw war gerade auf den Parkplatz gefahren, und ein Mann stieg aus dem Fahrzeug. Er war noch jünger, eher klein und hatte dichtes schwarzes Haar. Die Sonne hatte seine Haut auffällig dunkel gebräunt, wie bei einem Südeuropäer. Der Mann blickte sich aufmerksam um und zupfte dabei an seinem rechten Ohrläppchen. Ronnys Blick blieb an der Kleidung hängen. Die sah nicht billig aus und saß wie angegossen. *Irgendwie passt das Auto nicht zu ihm,* dachte Ronny. *Viel zu klein und klapprig. Ein Porsche wäre angemessen. Der sieht doch aus wie ein Boss. Warum fährt der einen schmutzigen Opel? Und was will der hier?* Dann rief er sich selbst zur Ordnung.

„Blödsinn“, sagte Ronny. „Der ganze Detektei-Quatsch macht mich zu misstrauisch. Ich sehe schon überall Verbrecher.“

„Dann ist es höchste Zeit, dass du unsere Gärtnerei kennenlernst“, meinte Birgit. Sie war fertig und wartete an der Tür auf Ronny. „Der einzige Verbrecher dort ist der fleischfressende Sonnentau. Das verspreche ich dir.“

Ronny fuhr unmerklich zusammen. Er hatte ganz vergessen, dass er nicht allein war. Schnell löste er den Blick von dem verdächtigen Besucher und drehte sich zu Birgit um. Ach Quatsch, von wegen verdächtig! Wahrscheinlich wollte der Mann nur einen Blick auf die Speisekarte werfen. Die Kantine stand schließlich allen Bürgern offen, die hier zu Mittag essen wollten. Auch das brachte ein wenig Geld in die Kasse der Caritas. Und vielleicht war sein Porsche gerade in der Werkstatt.

„Hoffentlich beißt die Blume mich nicht“, meinte er zu Birgit.

„Keine Angst, du bist zu groß." Birgit sah an Ronny empor. „Der Sonnentau frisst nur Lebewesen, die nicht größer als dicke Fliegen sind."

Während Ronny mit der Sozialarbeiterin das eigentliche Werkstattgelände verließ und die Straßenseite wechselte, um zur Gärtnerei zu gelangen, lauschten Sophia und Rahel den Ausführungen von Frau Samsone. Zusammen mit zehn weiteren Praktikantinnen standen die Freundinnen in der gläsernen Eingangshalle der Chemiewerke Leverkusen. Es war voll wie auf einem Bahnhof. Ständig liefen Angestellte oder Besucher an der Schülerinnengruppe vorbei. Frau Samsone, die weibliche Führungskraft, trug ein graues Kostüm, glänzende Perlonstrümpfe und hochhackige Pumps. Auf dem Kragen ihres Blazers standen blau gestickt die Großbuchstaben des Firmenlogos: CWL. Hier arbeitete auch Paul Schmickler.

Rahel fragte sich seit zwanzig Minuten, wie die Managerin es fertigbrachte, mit diesen Schuhen zu laufen, ohne sich die Knöchel zu brechen. Nie im Leben würde sie einen Beruf wählen, in dem sie sich so anziehen musste. Viola oder Nora wären wahrscheinlich ganz wild auf so ein Outfit. Was das Makeup betraf, konnten sich die beiden Ex-Freundinnen sogar noch etwas von Frau Samsone abgucken. Sie hatte nicht mit Farbe und Chemie gespart.

Rahel ließ den Blick auf die Frau schwenken, die neben der Managerin stand. Sie trug einen beigen Arbeitsoverall, dazu einen weißen Helm mit aufgesetzter Lampe und eine Brille, die erst auf den zweiten Blick als Schutzbrille zu erkennen war. Schminke suchte man in ihrem Gesicht vergeblich. Die schwarzen Stiefel sahen ein wenig nach Bergschuhen aus, und unter dem Patch mit dem Firmenlogo stand ihr Name: Petra Müller. Diese Arbeitskleidung war schon eher nach Rahels Geschmack. Der feuerfeste Overall sah bequem aus, hatte mehrere nützliche Taschen und jede Menge gelbe Reflektorstreifen.

„Ich überlasse euch jetzt der Werksfeuerwehr", sagte Frau Samsone. „Wir sehen uns dann zum Mittagessen in der Kantine. Vegetarisch, vegan, gluten- und lactosefrei – sie lässt keine Wünsche offen."

Die Schülerinnen klatschten, und die Managerin stöckelte davon wie ein Model. Rahel sah sich um. Jedes der zwölf Mädchen trug ein Namensschild mit Vor- und Nachnamen. Was für ein Service! Aber klar, CWL war schließlich ein Konzern, der nicht nur in Europa, sondern auf der ganzen Welt Geschäfte tätigte. Die luden die Praktikanten hauptsächlich deswegen ein, weil sie neue Lehrlinge und Studenten anwerben wollten. Gerne auch welche, die mehrere Sprachen beherrschten wie Sophia.

„So. Jetzt gehört ihr für eine Stunde mir", sagte Frau Müller. „Bitte folgen."

Rahel beeilte sich, neben die Feuerwehrfrau zu kommen, und zog Sophia mit sich.

„Kann ich kurz was fragen?", sprach sie die Frau in dem Overall an.

„Aber sicher."

„Kommt man als Feuerwehrfrau auch ohne Englisch zurecht?"

„Sicher, wenn du Deutschland nicht verlassen möchtest, ist das möglich", antwortete Frau Müller lachend.

„Prima", sagte Rahel erleichtert. Falls man als Polizistin Englisch können musste, würde sie eben zur Feuerwehr gehen.

Die Zeit mit Frau Müller verging wie im Flug. Rahel und Sophia staunten über die moderne Ausrüstung und genossen die Fahrt über das Betriebsgelände mit dem eigenen Löschfahrzeug der CWL. Da aber die Feuerwehrfrauen und -männer auch spezielle Kenntnisse über Chemiebrände brauchten, wie Frau Müller betonte, sortierte Rahel diesen Beruf in Gedanken sofort wieder aus. Dafür fiel ihr kurz vor Ende der Führung das Gluxiphat wieder ein, nach dem sie sich doch erkundigen wollte. Sie meldete sich, um ihre Frage loszuwerden.

„Frau Müller, hat CWL ein Mittel namens PlantEx verkauft oder einzelne Zutaten dafür hergestellt? Zum Beispiel dieses Gluxiphat?", fragte sie, als sie aufgerufen wurde.

Die Feuerwehrfrau schüttelte den Kopf. Sie standen vor dem Haupteingang, durch den sie gleich wieder das Hauptgebäude betreten wollten.

„Ich weiß zwar nicht, warum du dich für ein Unkrautvernichtungsmittel interessierst", antwortete Frau Müller bereitwillig, „aber die Herstellung und der Vertrieb von Gluxiphat wurden bereits vor einem guten Jahr weltweit verboten. Bis dahin haben wir es tatsächlich hergestellt. Nach Ablauf der Übergangsfristen sind wir jetzt dabei, die Restbestände ordnungsgemäß zu entsorgen. Ist eine kostspielige Angelegenheit."

In diesem Moment fuhr ein Lkw an den Praktikanten vorbei. Kurz vor einer der Schranken, die das Betriebsgelände von der öffentlichen Straße trennten, hielt er an. Auf der Seite des Lkw war ein schwarzer Schriftzug aufgebracht. „EliSeg", las Rahel. Das war wohl der Name der Firma. Neben dem Namen prangte das Logo, ein stilisierter Laborkolben, weiß auf rotem Grund. Unter dem Namen und dem Logo standen zwei weitere Wörter: *Eliminación segura.*

„Dort drüben steht übrigens gerade der Lkw einer solchen Entsorgungsfirma", sagte Frau Müller und zeigte auf das wartende Fahrzeug.

Jetzt guckten alle Praktikantinnen zu dem großen Auto. Rahels Blick schwenkte zur Fahrerkabine. Fahrer und Beifahrer hatten dunkle Haare und gebräunte Haut.

„Was die genauen Mengen betrifft oder die Firmen, an die wir geliefert haben, da musst du heute Nachmittag beim Management nachfragen“, schloss Frau Müller.

„Danke, das machen wir“, sagte Sophia und zog Rahel am Ärmel zum Eingang. „Boah, musst du immer auffallen? Der Hausmeister guckt auch schon so komisch.“

Vor dem Eingang stand ein Mann, der auf die Praktikantengruppe zu warten schien. Er trug ebenfalls einen Overall wie Frau Müller, allerdings nicht in Beige, sondern in Blau.

„Der ist nur beeindruckt. Weil ich so großes Interesse an seiner Firma zeige. Wahrscheinlich bieten die mir gleich eine Lehrstelle an, weil ich so toll mitdenke“, meinte Rahel.

Sophia guckte zweifelnd.

„Das war ein Witz!“, sagte Rahel. „Was ist los? Wir wollten doch mehr über dieses Gift erfahren, oder?“

In diesem Moment öffnete sich die Schranke, und der Lkw fuhr weiter. Die Mädchen sahen ihm nach. Auf dem Nummernschild entdeckte Sophia ein kleines weißes E.

„E wie *España*“, sagte sie und zog die Augenbrauen hoch. „Offenbar fährt unser deutscher Müll nach Spanien.“

Plötzlich applaudierten alle und sahen hinüber zu dem Mann im blauen Overall. Sophia klatschte schnell mit.

„Frau Müller hat ihn gerade vorgestellt. Er heißt Peter Küpper“, raunte Rahel ihr zu.

„Und er ist tatsächlich Hausmeister hier.“

„Der guckt in unsere Richtung“, sagte Sophia. „Sieht aus, als würde der unsere Namensschilder lesen.“

Rahel hob die Augenbrauen, und der Mann sah schnell weg.

„Der hat komische Ohren“, sagte sie leise.

Sophia schüttelte den Kopf.

„Nee, nur die Ohrläppchen sind angewachsen.“

„Ja, aber auf der linken Seite, also am linken Ohr, da ist es wie eingerissen und wieder verheilt.“

„Du meine Güte, da wird er sich halt verletzt haben. Ein Unfall oder so", sagte Sophia. „Still jetzt, lass mal zuhören."

„Herzlich willkommen, meine Damen, bei den Chemiewerken Leverkusen", sagte Herr Küpper gerade. „Sie werden staunen, was ein Hausmeister hier so alles zu tun hat. Es ist keineswegs mit Laubfegen auf dem Hof und Mülltonnen-Rausschieben getan. Deswegen sind wir auch mehrere Gebäudemanager, wie das auf Neudeutsch heißt. Zu unseren Aufgaben gehört tatsächlich auch, dass wir die Betriebskosten wie z. B. Heiz- und Wasserkosten kalkulieren, die Gebäude warten und wenn nötig modernisieren. Wir beauftragen und kontrollieren Handwerker für das, was wir nicht selbst erledigen können, oder beschaffen Material. Ich selbst bin gelernter Schlosser, kenne mich also mit Metallarbeiten aus. Außerdem habe ich mir gute Computerkenntnisse angeeignet. Tatsächlich haben wir auch eine Dame in unseren Reihen, die dafür sorgt, dass alle gesetzlichen Vorschriften rund um unsere Immobilien eingehalten werden."

„Immobilien?", fragte jemand.

„Das sind alle Liegenschaften, also Grundstücke, und unsere Gebäude. Kurz gesagt: das, was man nicht wegtragen kann", erklärte Herr Küpper lächelnd, als hätte er auch noch Jura studiert oder eine Banklehre gemacht. „Aber die Kollegin hat heute frei. Deswegen führe ich Sie ein wenig herum und liefere Sie dann anschließend in der Kantine ab."

„Sehr gut", sagte Sophia. „Ich habe schon Hunger."

„Der sieht gut aus", meinte Rahel nachdenklich. „Eher wie ein Sportler. Ich dachte immer, Hausmeister wären alt und dick, so wie bei uns in der Schule."

„Okay. Wie viele Gebäudemanager kennst du genau?", fragte Sophia.

Rahel lachte.

„Einen. Oder nein, jetzt zwei."

# KAPITEL 5

## NACHFORSCHUNGEN IN LEVERKUSEN

Frau Samsone, die Frau aus dem Management, betrat Herrn Schmicklers Büro. Der Rechtsanwalt hatte sich aus seinem Ledersessel erhoben und begrüßte die Vorgesetzte höflich.

„Sie hätten nicht extra herkommen müssen, ich hatte bereits für nächste Woche einen Termin mit Ihrem persönlichen Assistenten ausgemacht."

Frau Samsone winkte ab.

„Alles gut, Herr Dr. Schmickler. Ich war ohnehin unterwegs mit den Tagespraktikantinnen."

Herr Schmickler zögerte. Auch wenn er Frau Samsone hatte sprechen wollen, kam ihm das Gespräch doch etwas zu früh. Bis jetzt hatte er noch niemandem von der seltsamen Mitteilung erzählt, die am Freitag in seinem privaten Briefkasten in Brehl gelandet war. ‚*Reichen 50.000?*' und ‚*Wie geht es eigentlich Caruso*?', hatte darauf gestanden. Wahrscheinlich hatte ein Kind in der Nachbarschaft zu viele Krimis gesehen und sich die Mühe gemacht, jeden einzelnen Buchstaben aus der Zeitung auszuschneiden. Ein dummer Scherz, denn er hatte keine Ahnung, wofür 50.000 reichen sollten. Falls es überhaupt um Geld ging. Denn es fehlte die Angabe einer Währung. Außerdem, was hatte Geld mit Carusos Vergiftung zu tun?

Der einzig mögliche ernsthafte Zusammenhang, der ihm nach langem Überlegen eingefallen war, war diese seltsame Liste, die ihm durch Zufall in die Hände geraten war. Erst vor gut zwei Wochen hatte der Wind das Blatt mit den spanisch klingenden Namen und den vielen Zahlen unter seinem Regal hervorgeweht. Peter Matthäus, der stellvertretende Abteilungsleiter für den spanischen und italienischen Absatzmarkt, hatte zugegeben, es bei einer Besprechung mit Herrn Schmickler dort verloren zu haben. Herr Schmickler entschloss sich zur Offenheit und bot Frau Samsone den Besuchersessel an. Als sie Platz genommen hatte, fiel er direkt mit der Tür ins Haus.

„Frau Samsone, halten Sie es für möglich, dass es in der Abteilung von Herrn Gomez-Diaz nicht ganz mit rechten Dingen zugeht?", fragte Rahels Vater.

Frau Samsone guckte erstaunt.

„Sie meinen José Gomez-Diaz?", wiederholte sie, als hätte Herr Schmickler den Namen undeutlich ausgesprochen. „Den Abteilungsleiter für den spanischen und italienischen Markt? Davon ist mir bis jetzt noch nichts aufgefallen. Im Gegenteil. Er soll sehr pedantisch sein, und seine Umsatzzahlen sind fantastisch."

Der Rechtsanwalt seufzte.

„Ich wende mich auch nur deshalb an Sie, weil Sie sehr viel mit ihm zu tun hatten und ihn ja auch zur Anstellung empfohlen hatten, wenn ich mich recht erinnere."

„Tatsächlich, ja. Dass Sie das noch wissen." Überrascht sah Frau Samsone den Rechtsanwalt an. „Ich kannte ihn aus einem italienischen Unternehmen, in dem ich beschäftigt war, bevor ich hierher nach Leverkusen kam. Wir haben damals sehr gut zusammengearbeitet."

„Ach ja. Wie hieß das Unternehmen noch?", fragte Herr Schmickler.

Frau Samsone zögerte. Sie schien verwirrt, doch dann beantwortete sie die Frage.

„Branco Tech", sagte sie und zog die gezupften Augenbrauen zusammen.

„Ach ja. Richtig", erinnerte sich ihr Gegenüber. „Vor Kurzem hat sein Stellvertreter, Herr Matthäus, dieses Blatt bei mir im Büro verloren. Oder meinen Sie, Herr Matthäus überschreitet seine Kompetenzen und handelt ohne Wissen seines Vorgesetzten?"

Frau Samsone zuckte mit den Schultern.

„Herrn Matthäus kenne ich noch nicht so lange."

Herr Schmickler schob sein Handy über den Schreibtisch, auf dem ein Foto der verdächtigen Liste gespeichert war. „Ich habe dem keine große Bedeutung beigemessen, aber dann gab es andere Dinge, die mich stutzig gemacht haben."

„Was zum Beispiel?", fragte Frau Samsone.

Neugierig beugte sie sich über das Handydisplay.

„Dass diese Anschriften, die auf der Liste stehen, alle Orte in Mexiko oder Paraguay bezeichnen. Aber zu keinem dieser Länder unterhalten wir Geschäftsbeziehungen, oder?"

„Das stimmt. Zumindest momentan nicht. Aber Herr Gomez-Diaz hofft, dass es in der Zukunft möglich wird. Schließlich soll unser Markt weiterwachsen. Wir müssen innovativ sein, Herr Schmickler, uns ständig neu erfinden. Das ist die Zukunft: Flexibilität. Mehr möchte ich dazu im Moment noch nicht verraten."

Sie zwinkerte dem Rechtsanwalt kaum merklich zu. Rahels Vater nickte erleichtert.

„Sie denken also nicht, dass wir die Polizei einschalten oder intern ermitteln sollten?"

„Aber nein, warum denn?" Die Managerin schüttelte den Kopf und lachte ein angenehmes Lachen. Der blumige Duft ihres Parfüms wehte über den Schreibtisch.

„Ich glaube, die Liste ist harmlos." Sie zog das Bild mit Daumen und Zeigefinger größer. „Du meine Güte, haben Sie etwa alle diese Adressen bei Google Maps eingegeben?"

Herr Schmickler nickte wieder. Ihre Fröhlichkeit und Sachlichkeit waren ansteckend. Eine wohltuende Erleichterung breitete sich in seiner Brust aus.

„Aber ich werde natürlich trotzdem mit Herrn Gomez-Diaz reden", versprach Frau Samsone jetzt. „Vertrauliche Daten müssen sensibel behandelt werden. Er wird Herrn Matthäus sicher zurechtweisen."

„Da habe ich selbst schon getan."

„Prima."

Frau Samsone hörte auf, mit dem Kopf zu schütteln, und schob das Handy zurück zu Herrn Schmickler. Dann lächelte sie noch einmal beruhigend.

„Gleich morgen, wenn Herr Gomez-Diaz wieder im Haus ist, werde ich trotzdem beide zu mir kommen lassen und ihnen auf den Zahn fühlen. Und an Ihrer Stelle würde ich das Bild mit den Tabellen löschen. Smartphones sind einfach zu schnell zu hacken. Die Konkurrenz soll ja nicht wissen, was wir vorhaben."

„Sie haben recht", sagte Rahels Vater.

Er nahm sein Handy in die Hand und sah nachdenklich auf das Foto der Liste. Dann löschte er das Bild schnell. Frau Samsone beobachtete ihn genau und sah, dass er anschließend den Papierkorb komplett leerte.

„Sie sehen müde aus", sagte sie freundlich und ein wenig besorgt. „So, als ob Sie Urlaub gebrauchen könnten. Ist demnächst etwas geplant?"

„Nein, nein", wehrte der Rechtsanwalt ab und strich sich über die Stirn. „Wir fliegen erst im Dezember. In die USA. Die Kinder wissen noch nicht einmal etwas davon. Es wird eine Überraschung."

„Ach, Sie verbinden das mit der Geschäftsreise nach Kansas City?“, hakte Frau Samsone nach. „Da werde ich auch mit von der Partie sein. Ich freue mich schon auf das Land der unbegrenzten Möglichkeiten. Ich hoffe sehr, dass unser Unternehmen kräftig davon profitiert.“

„Ja, ich weiß. Sie sind berüchtigt für Ihre Verhandlungstaktik, Frau Samsone.“ Herr Schmickler lächelte leicht. „Meine älteste Tochter studiert in San Francisco. Sie hat im Dezember Geburtstag. Mit ihr besuchen wir auch Mexiko.“

Er hob den Kopf und sah der Managerin in die Augen. Sie waren hellblau und wurden zum Rand hin dunkler.

„Mexiko! Ein schönes Land. Wohin geht es genau, wenn man fragen darf?“, meinte Frau Samsone.

„Dürfen Sie“, antwortete Herr Schmickler. „Wir bleiben im Norden. Chihuahua. Da, wo die kleinen Hunde herkommen.“

„Oh ja, die sind niedlich“, sagte Frau Samsone leise. Dann stand sie auf und strich ihren Rock glatt. „Aber sonst soll es gefährlich dort sein. Kommen Sie uns ja gesund wieder.“

Der Rechtsanwalt erhob sich schnell.

„Das habe ich vor“, sagte er und öffnete Frau Samsone die Tür.

„Wo bleibt denn dein Vater?“, fragte Sophia und balancierte ihr Tablett zum Tisch. Die Mädchen hatten sich für Schnitzel mit Pommes entschieden, allen vegetarischen und veganen Angeboten zum Trotz. Der verführerische Duft stieg Rahel in die Nase und ließ ihren Magen knurren.

„Keine Ahnung“, antwortete sie und setzte sich. „Irgendetwas oder irgendwer hat ihn aufgehalten. Wenn er gleich nicht auftaucht, gehen wir eben zu ihm.“

„Weißt du, wie du zu seinem Büro kommst?“

Sophia griff nach Ketchup und Majo. Rahel hielt ein Faltblatt in die Höhe.

„Seine Sekretärin hat mir vorhin einen Lageplan in die Hand gedrückt. Sie ist echt nett."

„Ach ja, war das die, die beim Pförtner auf uns gewartet hat?"

„Genau. Frau Blühdorn."

„Für mich arbeiten hier zu viele Leute", sagte Sophia und steckte sich eine Pommes rot-weiß in den Mund. „Ich könnte mir die Namen gar nicht alle merken. Habe schon vergessen, wie unsere netten Betreuer heute hießen, und erst recht, wer wer ist."

Rahel lachte. Sie hatte ein sehr gutes Personengedächtnis.

„Für mich kein Problem. Papas Sekretärin heißt Frau Blühdorn, ist etwa dreißig Jahre alt und trägt Dutt, eleganten Hosenanzug und eine scheußliche Hornbrille."

„Kunststück! Die kanntest du doch bestimmt vorher", protestierte Sophia.

„Nein, ich war noch nie hier, und die Sekretärin hat uns auch noch nicht zu Hause besucht. Der einzige Name, den Papa mal erwähnt hat, ist ein Herr Matthäus. Weil der so heißt wie der aus der Bibel."

„Hm." Sophia schluckte ihre Pommes herunter und nahm einen Schluck Cola. „Einer der Evangelisten."

„Genau. Und weil der eigentlich Chemiker ist, also der Matthäus, aber jetzt in der Verwaltung mitarbeitet. Wie der aussieht, weiß ich nicht. Aber er hatte mal einen Unfall im Labor."

„Oha, was denn für einen Unfall?"

„Das weiß ich auch nicht, aber danach konnte er nicht mehr als Chemiker arbeiten. Ich glaube, seine Hand war irgendwie verletzt, oder sein Arm. CWL hat dafür gesorgt, dass er etwas anderes lernt. Umschulung nennt man das."

„Und wie hieß die Feuerwehrfrau in dem coolen Overall?"

„Petra Müller", sagte Rahel wie aus der Pistole geschossen. „Herr Küpper ist einer der vielen Hausmeister – oder *facility manager* –, und das Model auf Stöckelschuhen nennt sich Franca Samsone." Sophia stieß Rahel an, aber die redete weiter. „Scheußlich, wenn man sein Gesicht so anmalen, den ganzen Tag wie verkleidet rumlaufen und mit diesen Absätzen klarkommen muss …"

„Ach, daran gewöhnt man sich, Fräulein … Schmickler", sagte Frau Samsone, nachdem sie Rahels Namensschild gelesen hatte. Lächelnd stellte sie ihren Gemüseburger neben Sophias Schnitzel ab. In Rahels Nase mischten sich der Mittagessensgeruch und Frau Samsones Blumenparfüm. „Zufällig verwandt mit Herrn Dr. Schmickler?"

Rahel wurde rot und stammelte:

„Jaaa, äh, das ist mein Vater. Eigentlich waren wir hier verabredet, aber …"

„Oh, er kommt bestimmt gleich. Ich habe ihn gerade noch gesehen. Sonst geht ihr nach dem Essen einfach kurz dort vorbei."

Frau Samsone sortierte die Salatblätter in ihrem Schälchen. Dann spießte sie ein einzelnes Blatt auf, um es zwischen ihre geschminkten Lippen zu schieben. Bei dem Anblick der Chemie in ihrem Gesicht fiel Sophia das Pflanzenschutzmittel wieder ein. Und sie beschloss spontan, der Managerin noch einmal die gleiche Frage zu stellen wie der Feuerwehrfrau.

„Produziert die CWL eigentlich PlantEx oder einzelne Zutaten, die man dafür braucht, z. B. Gluxiphat?"

Frau Samsone hob die gezupften Augenbrauen.

„Selbstverständlich nicht. Wir halten uns an die gesetzlichen Vorgaben. Produktion und Vertrieb sind weltweit verboten worden. Der Stoff ist cancerogen. Das weißt du bestimmt, wenn du die beiden Namen kennst."

„Ja, natürlich", sagte Sophia und blickte schuldbewusst auf ihr Schnitzel.

„Cancero- was?", fragte Rahel.

„Cancerogen, das heißt krebserregend", antwortete die Managerin. „Warum fragst du also?"

„Ich habe mich halt gefragt, wie das so mit der Sicherheit in einem Betrieb wie CWL ist", erklärte Sophia. „Ist es denkbar, dass ein Angestellter das irgendwie weiter produziert oder etwas von den verbotenen Chemikalien stiehlt?"

„Warum sollte er? Das meiste muss weiterverarbeitet oder entsorgt werden. Damit kann man nichts anfangen."

„Er könnte es doch zum Beispiel verkaufen", schlug Rahel vor.

Frau Samsone schüttelte den Kopf.

„Schwierig", sagte sie. „Deutschland hat zu viele Gesetze. Das kann euch dein Vater aber viel besser erklären."

„Und eine kleine Menge?", fragte Sophia.

„Wir haben unsere Sicherheitsvorschriften, junge Dame. Theoretisch wäre es denkbar, aber dann müsste der Mitarbeiter freien Zugang zu den Laboren, Tanks oder Lagerräumen haben, ohne sich verdächtig zu machen."

„Wie ein Hausmeister oder eine Feuerwehrfrau?", fragte Rahel.

Frau Samsone zuckte mit den Schultern.

„Theoretisch könnte das ein Labormitarbeiter, ein Lagerist oder sogar eine Reinigungskraft der Putzkolonne sein. Am besten mehrere, die zusammenarbeiten. Und eine Sekretärin, die Zugriff auf die wichtigen Lieferlisten hat und sie verfälschen kann, damit niemand die Chemikalie vermisst."

*Oder eine Managerin,* dachte Sophia plötzlich.

„Also fast jeder?", seufzte Rahel.

Frau Samsone winkte ab.

„Ja, aber wie gesagt nur theoretisch. Praktisch ist das so gut wie unmöglich. Alle Chemikalien sind genau registriert, und ihr Weg durch den Betrieb wird Schritt für Schritt überwacht. Da kann nichts verloren gehen."

Es folgte ein langweiliger Vortrag, den die Mädchen stumm kauend über sich ergehen ließen. Plötzlich sah Frau Samsone auf die Uhr.

„Falls ihr zu deinem Vater wollt, dann habt ihr noch fünfzehn Minuten, ehe es in unserem Versuchslabor weitergeht."

„Oh, dann sollten wir uns vielleicht besser beeilen", schlug Sophia vor.

„Warum interessiert ihr euch eigentlich so für das PlantEx oder Gluxiphat?", fragte Frau Samsone.

Rahel zögerte, ob sie mit der Wahrheit herausrücken sollte, entschied sich dann aber dafür.

„Vor ein paar Wochen hat jemand unseren Hund vergiftet. Als man im Labor seinen Mageninhalt untersucht hat, stellte man fest, dass er etwas gefressen haben muss, das Gluxiphat enthielt …"

„Oh!" Frau Samsone war tatsächlich etwas erschrocken. „Das tut mir wirklich furchtbar leid. Ich hoffe doch, eurem Hund geht es besser."

„Ja, danke. Er ist wieder ganz gesund geworden. Trotzdem versuchen wir, herauszufinden, wer ihm das angetan hat."

„Na, da wünsche ich euch viel Glück."

Frau Samsone rückte das Geschirr auf ihrem Tablett zurecht und stand auf.

„Sie könnten uns nicht vielleicht eine Liste geben, auf der alle Unternehmen stehen, die dieses Zeug produziert haben?", fragte Rahel schnell.

Die Managerin lächelte.

„Es wird ein oder zwei Tage dauern, aber ich gebe die Liste dann deinem Vater."

„Vielen, vielen Dank!", strahlte Sophia, und Frau Samsone verschwand in der Menge ihrer Kollegen.

„Suchen Sie etwas?", fragte Ronny höflich, aber laut.

Der Mann, der auf dem Gang vor Birgits Büro stand, roch nach Pfefferminz. Als Ronny ihn ansprach, fuhr er zusammen und drehte sich um. Es war der Südeuropäer aus dem schmutzigen Opel, den Ronny vorhin auf dem Parkplatz gesehen hatte.

*„Sí, sí"*, sagte der Fremde und zupfte an seinem schicken Anzug. „Ich glaube, ich habe mich verlaufen."

„Ja", sagte Ronny. „Das sehe ich auch so. Mittagessen gibt es hier nicht. Hier sind nur die Büros und die Toiletten für die Mitarbeiter. Wenn Sie noch etwas zu futtern haben wollen, dann kommen Sie am besten mit mir."

„Vielen Dank", sagte der Mann erleichtert und folgte Ronny.

„Sie sind wohl zum ersten Mal hier?"

„Ja, ich habe gehört, das Essen soll sehr gut sein. Oh, ich kann es schon riechen."

„Kein Wunder, jetzt gehen wir ja auch in die richtige Richtung. Ist eigentlich ganz einfach, immer der Nase nach", sagte Ronny und öffnete dem Besucher die Tür zur Kantine.

Der nickte und bedankte sich noch einmal. Ronny wünschte ihm einen guten Appetit und ging hinüber zu Silas, der bereits an einem der Tische saß.

„Hi", begrüßte er seinen Freund, der seine Portion Spaghetti schon zur Hälfte vertilgt hatte. „Siehst du den Typen da an der Theke? Der zweite von links?", raunte er.

Silas hob den Kopf. Von weiter hinten im Saal kam auch Onkel Anton mit seinen Freunden Dirk und Andreas. Alle drei winkten wie wild.

„Klar. Seinen Hinterkopf. Warum?"

„Behalt den mal kurz im Auge, bis ich wieder da bin, okay?"

„Mach ich. Aber warum?“, fragte Silas leise und hob die Hand, um das Winken der drei Freunde zu erwidern. Jetzt gingen sie grüßend wie Popstars an den Kollegen vorbei, um zu Silas und Ronny zu gelangen.

„Mahlzeit“, schallte es von allen Seiten.

„Ich brauch ein Bild von seinem Auto“, raunte Ronny Silas zu und verschwand, bevor das Trio den Tisch erreicht hatte.

# KAPITEL 6

## UNTER DRUCK

„Sag mal, warst du wirklich so bescheuert und hast den Hund von Schmicklers mit PlantEx vergiftet?“

Der schöne Sonnenuntergang direkt vor seinem Bürofenster schien Herrn Gomez-Diaz völlig kalt zu lassen. Er drehte ihm den Rücken zu und starrte stattdessen seinen Stellvertreter aus zusammengekniffenen Augen an. Sein Blick war so stechend, dass Herr Matthäus das Gefühl hatte, aufgespießt zu werden.

„Es war Gluxiphat“, korrigierte er seinen Chef automatisch und ließ sich auf den Schreibtischstuhl fallen, der eigentlich seinem Vorgesetzten gehörte.

„Noch schlimmer!“, schnauzte Herr Gomez los. „Was Besseres ist dir nicht eingefallen? Hat dir der Unfall im Labor damals auch dein Hirn weggeätzt?“, schimpfte er. „Jetzt kann auch der größte Idiot die Spur zu uns zurückverfolgen. War dir das nicht klar?“

Herr Matthäus wurde rot vor Wut, doch er hielt die bösen Worte zurück. Provokativ griff er nach einem Brieföffner, der auf dem Schreibtisch vor ihm lag. Er hatte die Form eines kleinen Degens und war ein Familienerbstück. Herr Gomez-Diaz ignorierte, dass sein Komplize so tat, als sei er in diesem

Büro zu Hause. „Und gebracht hat es rein gar nichts“, fuhr er fort und bewunderte kurz seine gepflegten Hände. „Oder hat der Schmickler endlich geantwortet und den Preis akzeptiert? Nein! Bei mir ist keine Post angekommen!“

Herr Matthäus atmete tief ein und dann wieder aus. Dann schwang er den Degen probehalber durch die Luft.

„Noch nicht“, sagte er und guckte gelangweilt.

Die Augen seines Chefs wurden noch schmaler.

„Der wird wahrscheinlich nie antworten. Nur seine dämlichen Blagen haben jetzt Verdacht geschöpft“, regte er sich weiter auf und begann, vor dem Schreibtisch auf- und abzugehen. Herr Matthäus wurde neugierig.

„Woher weißt du das?“, fragte er.

Herr Gomez-Diaz blieb stehen. Ein weiterer bohrender Blick traf seinen Stellvertreter.

„Seine Tochter ist im Rahmen des *Girls' Days* hier. Sie hat heute Mittag mit der Samsone geplaudert und dabei erwähnt, dass ihr dämlicher Köter mit Gluxiphat vergiftet wurde. Sie wollte eine Liste mit den Firmen, die das Mistzeug hergestellt haben.“

Herrn Matthäus fiel vor Schreck beinahe der Brieföffner aus der Hand. Er fühlte, wie seine Finger feucht wurden.

„Und? Hat sie sie bekommen?“, fragte er und versuchte, gelassen zu klingen.

„Die Samsone hat es ihr versprochen. Und für gewöhnlich tut sie, was sie sagt“, antwortete Herr Gomez-Diaz bissig und begann wieder auf- und abzulaufen.

„Egal“, sagte Herr Matthäus bestimmt und warf den Degen zurück in die Glasschale. Herr Gomez Diaz, der ihm gerade den Rücken zugedreht hatte, zuckte zusammen, als er es klirren hörte. Herr Matthäus schmunzelte böse. Doch das Schmunzeln verschwand sofort wieder, als sein Chef herumfuhr und ihn mit vor Wut kalten Augen anblitzte. Diesmal waren sie groß und rund. Oha! Er hatte nicht gewusst, dass José so viele beunruhigende Blicke beherrschte.

„Reg dich ab. Die Blagen kennen uns beide nicht", sagte Herr Matthäus und guckte an den wütenden Augen vorbei. „Für die Kids gibt es keine Verbindung zur Firma und damit auch nicht zu uns. Und außerdem brauchen wir nicht mehr lange, bis alles abgewickelt ist. Bis Weihnachten ist alles über die Bühne."

„Bis Weihnachten sind es noch zwei Monate", knurrte Herr Gomez-Diaz.

„Ich weiß, wann Weihnachten ist."

„Wenigstens etwas, das du weißt."

Der Abteilungsleiter setzte sich auf die Kante seines Schreibtisches. Er hatte seine Sicherheit zurückgewonnen und musterte seinen Komplizen von oben herab. Dann beugte sich Herr Gomez-Diaz über die Schreibtischplatte. Er nahm nun selbst den Brieföffner in die Hand und setzte die Spitze des kleinen Degens auf die Brust seines Stellvertreters, genau an die Stelle, an der das Herz schlug.

„Ich hoffe sehr für dich, dass es wirklich funktioniert", sagte er leise und übertrieben deutlich. „Bis jetzt tut unser lieber Herr Doktor Schmickler nämlich so, als hätte er überhaupt keine Ahnung, an wen er sich wenden muss, wenn er die 50.000 haben will."

Er erhöhte den Druck der Degenspitze auf das Hemd seines Stellvertreters. Der hielt die Luft an. Herr Gomez-Diaz lächelte zufrieden. „Mach ihm gefälligst klar, dass ich nicht mehr lange warte!", befahl er und zog den Degen zurück. „Und jetzt räum meinen Sessel."

Herr Matthäus stand langsam auf. Moment mal … Etwas kam ihm komisch vor.

„Warum hat die Samsone ausgerechnet dir von dem vergifteten Köter erzählt?", fragte er plötzlich misstrauisch.

„Weil du Idiot die geheime Liste mit unseren Kunden ausgerechnet in Schmicklers Büro verloren hast!“, blaffte sein Chef. „Er hat heute Morgen mit der Samsone darüber gesprochen, und sie war gerade hier, um mir einen Rüffel deswegen zu verpassen. Dabei hat sie den blöden Hund erwähnt.“

Herr Matthäus hielt sich an der Schreibtischkante fest.

„Der Schmickler hat bereits gecheckt, dass die Adressen alle in Mexiko und Paraguay liegen. Hat tatsächlich ein Bild von der Liste auf seinem Smartphone gehabt.“

„Scheiße, Scheiße“, schimpfte Matthäus und fuhr sich nervös durchs Haar. „Ich habe doch gesagt, der hält die Klappe nicht von allein. Der wird neugierig, und über 50.000 lacht der nur!“

„Wir erhöhen die Summe und bieten ihm 100.000 an“, bestimmte Herr Gomez-Dias knapp.

„Okay. Aber nicht nur, José“, drängte Matthäus. „Lass uns auch den Druck auf ihn erhöhen, ihm ein bisschen mehr Angst einjagen. Du weißt schon, drastischere Mittel anwenden. Wofür haben wir das Foto?“

Herr Gomez-Diaz zögerte.

„Vielleicht bleibt uns tatsächlich nichts anderes übrig“, sagte er dann nachdenklich.

„Dann mach ich alles wie geplant. Hast du die Werkstatt gefunden, in der sein Bruder arbeitet?“

„Blöde Frage. Der Name stand fett genug in dem dämlichen Zeitungsartikel.“

Matthäus errötete vor Ärger darüber, dass er das vergessen hatte.

„Und? Bist du an den Plan gekommen?“, hakte er trotzdem nach.

„*Naturalmente*. Ich bin kein Anfänger. Schließlich habe ich in Italien gelernt.“ Herr Gomez-Diaz guckte strafend und verschwieg, dass ihn ein langhaariger Praktikant fast an dem

Computer erwischt hätte. „Sein Bruder fährt Donnerstagnachmittag mit raus."

„Ich werde zur Stelle sein", versprach Herr Matthäus und nickte grimmig. „Und ich kümmere mich um das Foto."

Herr Gomez-Diaz überlegte, stimmte dann aber zu.

„In Ordnung. Ich lasse dir freie Hand, aber überspann den Bogen nicht." Er hob drohend den Zeigefinger. „Du musst ihm klarmachen, dass er nichts zu befürchten hat, wenn er mitspielt. Sonst erreichst du das Gegenteil. Wenn der Druck zu hoch wird, wird er sich Hilfe suchen."

„Ich habe das im Griff. Ich dosiere die Angst wie eine Medizin. Jeden Tag ein bisschen mehr." Herr Matthäus lächelte falsch. „Was ist mit der Samsone?"

„Die habe ich beruhigen können. Hat meine Erklärung geschluckt. Kinderspiel."

Herr Gomez-Diaz grinste selbstgefällig. Herr Matthäus nickte. Dann sah er seinen Vorgesetzten nachdenklich an.

„Was sagt der Boss dazu?"

„Der vertraut mir."

„Gut, gut. Ist es eigentlich jemand aus der Firmenleitung?"

Jetzt lachte Herr Gomez-Diaz. Es war ein leises, hinterhältiges Lachen.

„Für wie dumm hältst du mich, Peter?" Er beugte sich vor und legte die Fingerspitzen aneinander. „Ich verrate dir doch nicht, welche Funktion unser Chef in der Firma hat oder ob er hier überhaupt eine Funktion hat. Der Boss kann für dich jeder sein. Vom Hausmeister bis zum Konzernchef. Je weniger du weißt, desto besser. Es reicht, wenn ich ihn kenne. Das dient auch deiner eigenen Sicherheit."

Ohne ein weiteres Wort verließ Peter Matthäus das Büro des Abteilungsleiters. Aber in der Tasche ballte er die rechte Faust, bis die vernarbte Haut weiß wurde. Er hasste es, wenn man ihn spüren ließ, dass er nicht wirklich wichtig war.

„Da war jemand dran, Frau Schellenreiter", sagte Ronny überrascht. Er saß vor Birgits Computer und versuchte, sich einen Überblick zu verschaffen.

„Was?! An meinem Computer? Unmöglich, ich melde mich immer ab, wenn ich das Büro verlasse. Das ist so Vorschrift."

„Sicher?"

„Ganz sicher."

„Dann hat sich jemand anderes angemeldet."

„Nein, das kann nicht sein. Ich habe ein super Passwort. Und das ist nur in meinem Kopf."

Ronny sah sich auf dem Schreibtisch der Sozialarbeiterin um. Direkt vor ihm stand ein Foto von einem kleinen Jungen. Er trug ein T-Shirt mit dem Namen *Justin* und war ungefähr sechs oder sieben Jahre alt.

„Wie wäre mit MShJui6!*2018?", schlug er vor.

Birgit wurde blass und ließ sich auf ihren Schreibtischstuhl sinken.

„Wie hast du das erraten? Das stimmt bis auf zwei Ziffern."

„Nicht so schwer, wenn man zwei und zwei zusammenzählen kann." Ronny zeigte auf das Bild von dem kleinen Jungen. „Mein Sohn heißt Justin und ist sechs … Viele merken sich das Passwort mithilfe eines Satzes. Also die, die ein wenig nachdenken. Die andern nehmen 123456 oder abcdefg."

„Nicht möglich", sagte Birgit.

„Leider doch. Justin ist also sieben und 2017 geboren?"

Birgit nickte betrübt. Dann griff sie schnell nach dem Foto und steckte es in ihre Handtasche.

„Unfassbar!", murmelte sie.

Ronny studierte die Liste, die die Arbeitseinsätze außerhalb der Werkstatt festhielt. Er drehte den Monitor zu Birgit.

„Entweder haben Sie selbst vor dem Mittagessen noch in die Liste geguckt, oder es war jemand anderes."

„Nein!", rief Birgit. „Heute war ich überhaupt noch nicht an den Einsatzlisten. Nachdem ich meine E-Mails kontrolliert hatte, habe ich euch herumgeführt. Dann war ich mit dir in der Gärtnerei und anschließend die ganze Zeit in der Holzwerkstatt."

„Hier hat aber jemand um exakt zwölf Uhr fünf die Datei geschlossen."

„Woher weißt du das?", fragte Birgit.

„Aus dem Protokoll", antwortete Ronny und dachte an den gut gekleideten Mann mit dem schmutzigen Auto.

„Ich war es nicht. Aber ich frage vorsichtshalber meine Kollegen."

Ronny nickte, während Birgit nach dem Telefon griff. Ein paar Minuten später hatte sie die Antwort. Niemand, der für die Caritas arbeitete, war heute Mittag in Frau Schellenreiters Büro gewesen.

„Das verstehe ich nicht. Wer interessiert sich denn für die Arbeitseinteilung unserer Beschäftigten? Damit kann doch niemand etwas anfangen."

„Das", sagte Ronny, „weiß ich auch noch nicht." *Aber vielleicht hat der Mann mit dem unpassenden Auto doch nicht aus Versehen vor Birgits Bürotür gestanden,* dachte er.

„Müsst ihr so um die Tischtennisplatte herumspringen?", schimpfte Papa.

Er hatte gerade den Garten gegossen.

„Ja, das nennt man Rundlauf", japste Rahel und schlug Antons Ballangabe zurück auf Silas. Dann rannte sie zu ihrem Bruder. „Das ist richtig anstrengend zu dritt. Willst du nicht mitmachen, Papa?"

Die Abenddämmerung hatte begonnen. Ein milder, sonniger Herbsttag neigte sich seinem Ende zu. Es war absolut windstill. Perfektes Ping-Pong-Wetter. Herr Schmickler stellte die Gießkanne so heftig ab, dass Wasser herausschwappte, obwohl sie nur noch halb voll war.

„Rundlauf! Das ist doch albern. Könnt ihr nicht richtig Tischtennis spielen?"

Silas blieb stehen und sah seinen Vater groß an.

„Ich dachte, ihr wolltet, dass ich möglichst viel herumspringe. Deswegen habe ich doch die Platte zum Geburtstag bekommen, oder?"

„Ja, aber nicht jetzt, Silas", rief Herr Schmickler. „Ich habe Gras nachgesät. Es geht gerade auf. Ihr macht mir doch alles kaputt.

„I… Ich säe morgen auch Gras", behauptete Onkel Anton.

Rahel fing den Ball mit der linken Hand auf und ließ den Schläger sinken.

„Das wusste ich nicht", sagte Silas und blickte betreten nach unten auf das misshandelte Gras.

„W… Wir fahren morgen raus und säen die Grünstreifen nach", erklärte Anton seiner Nichte und rückte näher an sie heran. Doch sie starrte mit gerunzelter Stirn auf ihren Vater. „U… Und bei den Baumscheiben."

„Mein schönes Gras", meckerte Papa weiter.

Frau Schmickler stand aus dem Gartenstuhl auf und ging zu ihrem Mann. Sie fasste nach seinem Arm.

„Paul! Liebling, wir ziehen Kinder groß, kein Gras", sagte sie bestimmt, aber mit einem witzigen Unterton.

Die Geschwister lachten.

„Also dürfen wir weiterspielen?", fragte Rahel und warf den Ball in die Luft.

Papa schnaubte und schüttelte Mamas Hand ab.

„Ja, macht weiter und trampelt alles kurz und klein! Am besten übt Mama gleich noch zwei Stunden ihre Opernarien, und Silas spielt dazu Klarinette. Hier macht ja sowieso jeder, was er will."

Er drehte sich um und ging ins Haus. Mama sah ihm sprachlos nach.

„Wer war das denn eben? Hat Papa einen Doppelgänger?", fragte Silas.

Rahels Ball flog an ihm vorbei und landete im Gras.

„Keine Ahnung. Ich werde nicht mehr schlau aus ihm", sagte Rahel. Sie hob den Ball vom Boden auf und packte ihren Schläger ein. „In der Firma war er heute auch so komisch. Hat unsere Verabredung zum Mittagessen glatt vergessen. Und als wir zu seinem Büro gegangen sind, war er so gereizt, dass Sophia und ich schnell wieder abgehauen sind. Ich dachte, er freut sich, wenn wir ihn mal besuchen."

Rahel sah enttäuscht aus.

„M... Mann, i... ich hab keine Lust mehr", meckerte Onkel Anton und warf seinen Schläger zu Boden.

„Hey! Der Schläger kann nichts dafür", sagte Silas.

Frau Schmickler seufzte leise.

„Ich sehe mal nach Papa", sagte sie und nahm ihre Jacke vom Gartenstuhl. „Macht euch keine Sorgen, Kinder!"

Nachdem seine Mutter ins Haus gegangen war, ließ sich Silas auf die Bank plumpsen. Er griff nach der Wasserflasche und nahm einen großen Schluck.

„Ich finde, wir sollten mal mit Opa reden, vielleicht weiß der, was los ist", schlug Rahel vor.

„Gute Idee. Vielleicht müssen wir Papa im Auge behalten."

„Wie denn, wenn er so gut wie nie zu Hause ist?", fragte Rahel. „Seine Überstunden reichen fast für eine volle Stelle."

Hannah Schmickler fand ihren Mann in seinem Arbeitszimmer. Er drehte ihr den Rücken zu und starrte aus dem Fenster. Seine Frau schloss leise die Tür hinter sich und verschränkte die Arme vor der Brust.

„Paul, das geht nicht. Wenn du so weitermachst, werden die Kinder traurig oder wütend. Beides ist schlimm."

„Ja, ich weiß", sagte ihr Mann und blickte zu Boden. „Es tut mir leid, Liebling", entschuldigte er sich.

Frau Schmickler ließ die Arme sinken.

„Was ist denn los?", fragte sie.

„Nichts", wehrte Paul Schmickler müde ab. Er drehte sich um, ging langsam auf seine Frau zu und nahm sie in den Arm. Sie war so klein, dass Papa sein Kinn auf ihrem Kopf ablegen konnte.

„Bist du da sicher?", fragte Hannah Schmickler.

„Ja", sagte er schnell. „Ich bin nur müde. In der Firma ist es momentan nicht so leicht."

Paul Schmickler drückte seine Frau fester. Der Zettel in seiner Brusttasche knisterte leise. Sofort erhöhte sich der Pulsschlag des Rechtsanwaltes.

„Dein Herz rast ja", sagte Hannah Schmickler besorgt. Sie hob den Kopf und blickte ihren Mann an. „Ist das öfter so? Dann mache ich morgen sofort einen Termin beim Kardiologen für dich aus."

Paul Schmickler schüttelte den Kopf.

„Nein, das ist nicht nötig."

Er kannte den Grund für seine Aufregung nur zu gut. Als er gerade vor einer halben Stunde nach Hause gekommen war und seine Post durchgesehen hatte, war ein kleiner Umschlag ohne Absender dabei gewesen. Er hatte gleich ein mulmiges Gefühl bekommen. Der Umschlag hatte nur diesen einen losen Zettel enthalten, der jetzt in seiner Hemdtasche steckte. Weiß und leer, bis auf ein Wort und eine Zahl:

SILENCIO!
100.000.

Um diese anonyme Botschaft zu verstehen, musste man kein Spanisch können. Auch einen Scherz konnte er nun endgültig ausschließen. Hier meinte es jemand bitterernst. Er sollte schweigen und dafür 100.000 bekommen. Von der Erleichterung, die Paul Schmickler nach dem Gespräch mit Frau Samsone empfunden hatte, war nichts mehr zu spüren. *Wenn ich nur wüsste, worüber ich nicht reden soll!*, dachte er. *Und wem es so wichtig ist, dass ich nichts weitererzähle? Wer ist so grausam, dass er sogar unseren Hund vergiftet? Und wozu ist er noch in der Lage?*

Eigentlich war dem Rechtsanwalt klar, was er tun sollte: wenigstens mit seinem Vater reden. Vielleicht hatte das Ganze tatsächlich mit seiner Arbeit in der Firma und dieser unsäglichen Liste zu tun. Er wünschte auf einmal, er hätte sie einfach in den Papierkorb geworfen. Doch dann verdrängte Paul Schmickler den Gedanken. Der Hund hatte doch nichts mit CWL zu tun! Die meisten aus der Firma wussten nichts über sein Privatleben. Sie konnten auch nicht wissen, dass es überhaupt einen Hund in ihrer Familie gab. Oder? Nein. Er hatte kein Bild von Caruso auf dem Schreibtisch und sicher nie von ihm erzählt. Der Hund war seinem Bruder wichtig, ihm selbst aber nicht. So zeigte er seiner Frau auch dieses kleine Papier nicht, ja, er erzählte ihr nicht einmal davon. Er wollte sie nicht beunruhigen.

„Du arbeitest zu viel, Paul", sagte Hannah Schmickler, und ihre Stimme klang besorgt. „Du stehst zu sehr unter Druck. So habe ich mir das ehrlich gesagt nicht vorgestellt, als wir hierhergezogen sind."

Ihr Mann dachte immer noch an die anonyme Nachricht. Immerhin hatte der Verfasser gewusst, an welche Adresse er die Botschaft schicken musste. Er schluckte hörbar.

„Allein deine Überstunden summieren sich mittlerweile auf eine volle Stelle. Jedenfalls kommt es mir so vor. Kannst du nicht kürzertreten?", bat Hannah jetzt und trat einen Schritt zurück. Ihr Mann sah ihr in die Augen.

„Doch, Liebling. Sobald ich das USA-Projekt für die Firma endlich abgeschlossen habe", versprach er und bemühte sich, zuversichtlich zu klingen. „Das Ganze ist einfach schwieriger, als ich mir das vorgestellt hatte. Aber noch eine oder zwei Wochen, dann ist alles vorbereitet."

*Und genau dann werde ich mich auch diesen feigen anonymen Botschaften widmen,* versprach er sich selbst. *Und ich werde mit Paps reden.* Seine Frau lächelte glücklich.

„Ich bin schon so gespannt auf die Gesichter der Kinder. Sie ahnen nichts von unseren Plänen."

Paul Schmickler lächelte zurück. Dann schloss er die Augen, dankte Gott für seine Familie und bat ihn, sie zu beschützen.

# SPRENGUNG IN BURGENACH

Pit Schmickler saß im Schaukelstuhl und schaukelte bedächtig vor und zurück. Er hatte kein Licht im Wohnzimmer angemacht, so konnte er durch die Terrassentür besser in den dunklen Garten starren. Caruso lag in seinem Korb und seufzte abgrundtief.

„Na, kannst du auch nicht schlafen?", fragte Opa seinen Hund, als könnte der ihn verstehen. „Du hättest zu Anton nach oben gehen sollen. Der schlummert schon längst."

Caruso seufzte noch einmal. Dann erhob er sich, drehte eine Runde um sich selbst und legte sich wieder hin. Ein kaum hörbares Winseln kam aus seiner Kehle.

„Du vermisst sie auch. Ich weiß." Opa Peters Stimme klang rau. Er schluckte und schaukelte noch langsamer. „Es kommt mir vor, als sei es erst gestern gewesen. Ich höre noch immer ihre Worte: ‚Sei nicht traurig, Pit', hat sie gesagt. ‚Sei nicht traurig, ich gehe doch nur voraus.' Und ich, ich habe gelächelt und ihr versprochen, auf sie zu hören." Opa Peter schluckte noch einmal, und eine kleine Träne rollte über seine Wange. „Aber es ist nicht so leicht, nicht traurig zu sein, wenn man einen Teil von sich selbst verliert", flüsterte er.

Carusos Winseln ging in ein leises Jaulen über. Plötzlich lachte Peter Schmickler kurz auf.

„Was rede ich überhaupt mit dir? Du bist ein Hund. Aber auch wenn du nie verheiratet warst, weißt du, wie mir zumute ist, oder? Du brauchst keine Erklärungen."

Er hielt den Schaukelstuhl an und stand auf. Sofort war der Riesenschnauzer auch auf allen Vieren. Erwartungsvoll sah er sein Herrchen an.

„Wenn wir beide eh wach sind, wie wäre es mit einem langen Fußmarsch? Wir tun so, als wärst du mein Polizeihund, und gehen ein wenig auf Streife. Vielleicht bis nach Burgenach?"

Caruso legte den Kopf schief. Einen Spaziergang mitten in der Nacht war er nicht gewöhnt. Opa Schmickler zog seine Jacke an und steckte eine Taschenlampe in die Tasche.

„Was hältst du davon, hm? Kommst du mit nach Burgenach?"

Caruso begann, mit dem Schwanz zu wedeln. Er hechelte aufgeregt, gab aber keinen Ton von sich. Sein Herrchen griff nach der Leine und schloss die Haustür auf.

„Also abgemacht, aber beschwer dich nicht, wenn es länger dauert." Caruso stürmte an ihm vorbei ins Freie. „Vielleicht fällt mir auf dem Weg ein, wie ich mit Paul ins Gespräch komme. Er blockt in letzter Zeit alles ab. Die Kinder machen sich auch schon Sorgen", murmelte Opa.

Eine Stunde später wachte Onkel Anton auf und rieb sich die Augen. Irgendetwas machte Lärm. Martinshörner! Nicht nur eins, ein ganzes Orchester! Anton stand auf, ging zum Fenster und zog den Rollladen hoch. Aus seinem Schlafzimmer in der ersten Etage konnte er über die Felder auf die Bundesstraße B266 sehen. Er brauchte nur einen Blick auf die Schnellstraße zu werfen. Sofort drehte er sich um, ging über den Flur zum Schlafzimmer seines Vaters und öffnete die Tür.

„P… Pa… Papa, da … da sind ganz viele Polizeiautos auf der Schnellstraße!“, stotterte er aufgeregt.

Doch niemand antwortete ihm. Das Bett seines Vaters war leer. Anton ging hinunter ins Wohnzimmer. Dann guckte er in die Küche und in den Schmutzraum. Als er seinen Vater auch dort nicht fand, ging er zurück in sein Zimmer, nahm seine Kleidung vom Stuhl und zog sich in aller Ruhe an. Dann ging er wieder in den Flur hinunter. Er öffnete die Haustür und überquerte den Hof, um seinen großen Bruder aus dem Schlaf zu klingeln. Er kam gar nicht auf die Idee, sein Telefon zu benutzen. Natürlich weckte er somit nicht nur Paul Schmickler, sondern gleich dessen ganze Familie mit.

„Was ist denn los?“, fragte sein großer Bruder, als er die Tür aufriss. „Ist was mit Papa?“

„D… Der is nich da“, sagte Anton.

„Wie, der ist nicht da? Wo soll er denn hin sein?“

„W… Weiß ich doch nich, nich da halt.“

„Hast du ihn angerufen?“

Anton blickte verlegen auf seine Fußspitzen.

„Das heißt wohl nein“, seufzte sein Bruder. „Komm erst mal rein. Ich versuche, ihn zu erreichen. Am besten gehst du in die Küche.“

Während Paul Schmickler sein Handy suchte, betrat Anton den Flur und zog sich die Schuhe aus. Dann ging er die Treppe zur Küche hoch. Rahel kam schlaftrunken aus ihrem Zimmer, hinter ihr erschien Silas.

„Was ist los?“, fragte Rahel.

„P… Papa is nich da“, sagte Anton, ging an seiner Nichte vorbei und setzte sich an den Küchentisch.

Frau Schmickler stand schon im Bademantel am Wasserkocher und drückte auf den Knopf. Sie öffnete den Hängeschrank darüber und nahm das Teekästchen heraus.

„D… Der macht sich Sorgen“, verkündete Anton seiner Schwägerin lautstark.

„Wer?“, gähnte Mama hinter vorgehaltener Hand. Der Wasserkocher brummte, und Frau Schmickler nahm fünf Teebecher aus dem Schrank.

„P… Papa“, sagte Anton. „Der … der macht sich Sorgen um Paul.“

Mama stellte die Teebecher auf den Tisch und öffnete das Teekästchen.

„Tatsächlich?“, fragte sie.

„Ja!“, sagte Anton und wurde lauter. „Der kann öfter nich schlafen.“

„Oh, das tut mir leid“, sagte Mama überrascht und goss das kochende Wasser in die Becher. „Warum sagt er denn nichts? Darüber kann man doch reden.“

Anton zuckte die Schultern.

„Ich kann ihn nicht erreichen“, sagte Papa, der in diesem Moment in die Küche kam. „Er geht nicht an sein Handy. Hat er nicht gesagt, wo er hingeht, oder dir einen Zettel hingelegt?“

„Nö“, sagte Anton und griff nach einem Teebecher. „D… Der macht sich Sorgen“, murmelte er.

„Um was oder wen?“, fragte Papa und tippte auf Wahlwiederholung.

„Um dich, Paul“, sagte Mama leise.

„Hm?“

Paul Schmickler hielt sich das Smartphone ans Ohr. Er hatte nicht mitbekommen, was seine Frau gesagt hatte.

„Dein Vater macht sich Sorgen um dich. Deswegen kann er manchmal nicht schlafen, sagt dein Bruder“, wiederholte Mama.

Sie klang etwas ungeduldig. Ihr Mann ließ das Telefon sinken und legte es auf den Küchentisch. Dann setzte er sich langsam neben seinen Bruder.

„Das ist nicht nötig", sagte er bestimmt. „Ich werde mit ihm reden, sobald er zurück ist." Rahel und Silas sahen sich schweigend an. Auch Frau Schmickler sagte nichts mehr. Sie schob ihren Kindern nur zwei Teebecher über den Tisch. „Ist Caruso auch weg?", fragte Papa. Anton nickte. „Dann sind sie vielleicht nur spazieren."

Anton tippte sich an die Stirn.

„D… Doch nich nachts!"

„Warum bist du überhaupt wach?", fragte Papa.

„W… Wegen der Polizeiautos. Da waren ganz viele mit Blaulicht."

„In welche Richtung sind sie gefahren?", fragte Rahel aufgeregt.

„N… Nach Burgenach."

In diesem Moment ertönte Papas Klingelton.

„Es ist Paps", sagte Hannah Schmickler erleichtert und sprang auf. „Kannst du den Lautsprecher anmachen?"

Ihr Mann ging sofort dran und tat ihr den Gefallen.

„Ja?", sagte er und lauschte.

„Hallo, Paul", tönte Opas Stimme aus dem Handy. Er klang etwas außer Atem. „Was ist denn, und warum bist du wach?"

„Das wollte ich dich eigentlich fragen. Anton hat uns aus dem Bett geschmissen. Wo bist du?"

„Geht es dir gut, Paps?", schob Mama dazwischen.

„Ja, alles in Ordnung, Hannah. Ich bin in Burgenach. Also, eigentlich auf dem Rückweg. Stellt euch vor, hier hat es eben eine Automatensprengung gegeben. Am Supermarkt hinter der Rampe zur B9."

Rahel stieß Silas an. Dem fiel fast die Tasse aus der Hand. Tee schwappte über den Rand auf seinen Handrücken.

„Au!", stieß er hervor, nahm die Tasse in die linke Hand und schüttelte die heiße Flüssigkeit von der rechten.

„Deswegen die vielen Polizeiautos", sagte Rahel ungerührt zu ihm. „Und hörst du den Hubschrauber?" Sie zeigte auf die Decke über sich. „Sorry", murmelte sie dann.

„Und du warst ganz zufällig in der Nähe, Paps?", fragte Mama.

„Ja, tatsächlich purer Zufall, Hannah. Für gewöhnlich gehe ich um diese Zeit nicht spazieren. Und ich hatte auch nicht geplant, heute Zeuge einer Straftat zu werden, aber ich gebe zu, dass ich es ein klein wenig genossen habe."

Sie hörten Opa lachen. Mama wurde blass. Ihre Sommersprossen waren kaum noch zu sehen.

„Wie nah warst du dran?", fragte Rahel mit glänzenden Augen.

„So nah, dass ich im Gegensatz zu Ronny das Kennzeichen des Fluchtautos erkennen konnte. Die Kollegen waren sehr erfreut."

„Wie lautete es?"

„DN–AZ 4711, tatsächlich vier Ziffern, genau wie bei dem Wagen, den Ronny beobachtet hat."

Rahel nahm Mamas Einkaufslistenklemmbrett von der Magnetwand und notierte die Nummer.

„Wieder ein schwarzer Audi?", fragte Silas und pustete auf seine Hand.

„Ja. Aber habt ihr vergessen, was die Kollegen euch gesagt haben, Silas?"

„Nein, Opa. Wir halten uns daran. Wir versuchen nicht, die Bande zu schnappen."

„Aber mitdenken dürfen wir doch trotzdem, oder?", fragte Rahel.

„Na klar, Rahel. Ich lege jetzt auf. Ihr könnt Onkel Anton zurück ins Bett schicken. Ich bin gleich zurück. Euch eine gute Nacht.

„Nacht, Opa."

Ein Blick von Mama genügte, und die Geschwister machten sich tatsächlich auf den Weg in ihre Zimmer.

„Nacht, Paul und Hannah", hörten sie Opa noch sagen.

„Du glaubst doch nicht, dass ich ein Auge zumache, ehe du wieder heil zu Hause bist, oder?", antwortete Mama entrüstet.

„Caruso passt doch auf mich auf", sagte Opa durch das Telefon.

Der Riesenschnauzer bellte zur Bestätigung.

„Schreib bitte trotzdem, wenn du angekommen bist", bat Hannah Schmickler. „Ich trinke solange mit Paul noch meinen Tee zu Ende." Dann legte sie auf und schwieg. Sie trank ein paar Schlucke Tee und wandte sich dann an ihren Mann. „Paul, erinnerst du dich an unseren Trauvers?"

Papa runzelte die Stirn. Er legte die Hände um seine Tasse, als wollte er sich daran festhalten. Dann räusperte er sich.

„Aber selbstverständlich, Liebling. ‚Einer trage des anderen Lasten, und so sollt ihr das Gesetz des Christus erfüllen'", zitierte er.

„Gut", sagte Hannah. Sie schmiegte sich an ihren Mann, und er legte einen Arm um sie. „Versprichst du mir, Liebling, dass du deine Last, also das, was dich bedrückt, immer mit mir teilst?", fragte Mama.

Paul Schmickler holte tief Luft.

„Sicher", sagte er schnell und dachte: *Sobald ich weiß, um was es eigentlich bei der ganzen Sache geht.*

„Dann ist gut."

Papa nahm Mama nun in beide Arme.

„Liebling, was würde ich nur ohne dich tun?"

„Verhungern und verdursten", neckte sie ihn, und zum ersten Mal seit Samstagabend lachte er leise.

Rahel war zu wach, um sofort wieder einzuschlafen. Auf Zehenspitzen schlich sie zu ihrem Bruder ins dunkle Zimmer. Den Zettel mit dem Kennzeichen hatte sie dabei.

„Vielleicht kriegen wir raus, wem das Auto gehört", sagte sie leise und tippte auf ihr Handy. Ihr Gesicht leuchtete bläulich im Licht der Telefontechnik.

„Das glaubst du doch selbst nicht", flüsterte Silas zurück und setzte sich seufzend im Bett auf. Rahel würde keine Ruhe geben, ehe sie nicht ihren Willen bekam. „Außerdem wozu? Die Polizei weiß das doch bestimmt längst, falls das Kennzeichen nicht eh falsch ist. Die können so eine – wie heißt das noch? – Dings machen."

„Halterabfrage", sagte Rahel und ließ sich auf dem Fußende von Silas' Bett nieder.

Bei solchen Vokabeln funktionierte ihr Gedächtnis.

„Genau. Komisches Wort: Halter. Ein Tier hält man sich. Also ist man ein Tierhalter. Eine Kerze steckt in einem Halter. Aber ein Fahrzeug? Manchmal unlogisch, die deutsche Sprache."

„Ist doch total egal, wie das heißt. Hauptsache, wir kriegen den Namen von dem Typen. Versuchen kostet doch nichts. Ah, hier steht es schon."

Rahel überflog einen Text auf ihrem Display.

„Mist", sagte sie.

„Geht nicht?", fragte Silas.

„Nee. Du kannst zwar die Polizei oder das Kraftfahrtbundesamt fragen, zu wem ein bestimmtes Kennzeichen gehört. Aber die verraten dir das nur, wenn du ein ‚verkehrsrechtliches Interesse' daran hast."

„Hä?!"

„Zum Beispiel, wenn auf deinem Grundstück oder auf deinem Parkplatz monatelang ein fremdes Auto steht", las Rahel vor.

„Alles klar. Ist hier nicht der Fall. Ende der Recherche", meinte Silas und gähnte. „Lass uns weiterschlafen."

„Nix da. So schnell gebe ich nicht auf. Findest du nicht auch, dass die Zahl ziemlich hoch ist? Vierstellig. Hhm. Was ist denn DN für eine Stadt?"

Silas angelte nach seinem Handy und tippte eine Weile darauf herum.

„DN steht für Düren. Das liegt in Nordrhein-Westfalen, nur sechsundfünfzig Minuten von hier laut Routenplaner."

„Sind die dumm. Das ist doch viel zu nah, und jetzt hat die Polizei sogar deren Kennzeichen."

„So nah ist das nicht."

„Ich denke, nur sechsundfünfzig Minuten."

„Nicht, wenn sie da nur durchfahren."

„Wieso sollten sie denn nur durch Düren durchfahren, wenn sie da wohnen?"

Rahel konnte ihrem Bruder nicht folgen, der immer noch auf seinem Handy herumtippte.

„Überleg doch mal, Rahel: Wenn du dir ein Auto leisten könntest, dass 130.000 Euro kostet und 600 PS hat, müsstest du dann eine Bank überfallen?"

„Oha! Der Audi RS 6 ist so teuer?"

Silas nickte.

„Und würdest du, wenn du so ein Teil besitzt, dein eigenes Auto für einen Überfall benutzen?", fragte er. „Du riskierst doch, dass du auf der Flucht einen Unfall baust und dein teurer Wagen hin ist! Erinnere dich mal an das, was Frau Minden gesagt hat."

„Rinden", korrigierte Rahel automatisch. „Die von der Kripo in Koblenz heißt Rinden."

Dann begriff sie plötzlich, was ihr Bruder meinte.

„Die haben den nur gemietet?! Du meinst, das ist ein Mietwagen?!"

„Exakt. Und in Düren sitzt – bestimmt kein Zufall! – ein großer Autovermieter. Weil ihre Fahrzeuge da zugelassen sind, beginnen ihre Kennzeichen immer mit DN. Dann folgt immer ein A …“

„Ich fasse es nicht!“

„… und ein zweiter Buchstabe aus dem Alphabet.“

„DN–AZ, das kommt hin. Und es folgt eine vierstellige Nummer?“

„Genau. Je höher diese Nummer, desto neuer der Wagen. Sagt ein schlauer Mensch im Internet.“

„Zeig mal“, sagte Rahel, und Silas hielt ihr bereitwillig sein Handy hin.

„Ganz schön clever, Bruderherz.“

„Und da ist mir noch eine Idee gekommen.“

„Raus damit!“

„Welche größere Stadt ist in der Nähe von Düren?“, fragte Silas seine Schwester.

„Aachen.“ Rahel löste ihren Blick von dem Handy. „Na und? Die haben einen der besten Kunst- und Turmspringvereine, aber ich glaube kaum, dass die Wasserspringer Geldautomaten sprengen.“

„Nein, aber wo habt ihr immer übernachtet, wenn du da einen Wettkampf hattest? Erinnerst du dich nicht mehr?“

Rahel riss die Augen auf.

„In der Jugendherberge in Vaals! Na klar! Holland ist gleich um die Ecke.“

„Genau. Nur eine halbe Stunde von Düren entfernt liegen die Niederlande. Und damit endet bestimmt die Zuständigkeit der deutschen Polizei. Also, ich würde das jedenfalls so machen, wenn ich ein Verbrecher wäre: ins Ausland düsen. Ich denke, die könnten aus den Niederlanden kommen. Wahrscheinlich ist die Polizei auf die gleiche Idee gekommen.“

„Möglich", meinte Rahel gähnend und gab ihrem Bruder das Handy zurück. Dann stand sie auf und ging zur Tür. „Respekt. Ich verschwinde jetzt wirklich. Bin plötzlich todmüde."

„Schlaf gut, Sherlock."

Seine Schwester griff nach der Türklinke.

„Wenn du das sagst, Silas, klingt der Spitzname ganz nett. Aber diesmal gebührt er dir", gab Rahel zu und öffnete die Tür lautlos. „Schlaf du auch gut", flüsterte sie.

# KAPITEL 8

## FEINDESLIEBE

Sophia stöhnte unhörbar. Wieder einmal war sie an dem blöden Vers im Schmicklerschen Flur vorbeigegangen. Und schon wieder konnte sie nicht widerstehen. Automatisch las sie, was dort stand, und ärgerte sich über sich selbst. Seid vollkommen! So ein Blödsinn!

„He, warum guckst du so genervt?“, fragte Rahel. Sie hatte den Gesichtsausdruck ihrer Freundin bemerkt. „Magst du keinen Zwiebelkuchen?“

„Was? Klar doch!“ Sophia atmete den Duft tief ein, der aus der Küche die Treppe heruntergekrochen kam. „Voll lecker. *Maman* wollte morgen so was Ähnliches machen, wenn du bei uns zum Mittagessen bist: Flammkuchen.“

Rahel hängte kichernd ihre Jacke an die Garderobe.

„Na prima! Dann kommen wir aus dem Pupsen gar nicht mehr heraus.“

„Oh Rahel, du kommst auf Ideen!“

Sophia schüttelte ihre braunen Locken.

„Glaub mir, man kann gar nicht anders, wenn man einen großen Bruder hat. Bei Zwiebeln denkst du automatisch an …“

„Jaaa, danke. Ich habe verstanden“, unterbrach Sophia ihre Freundin grinsend. „Meinst du, Silas hat uns etwas übrig gelassen?“ Sie sah auf ihre Armbanduhr. „Wir sind ziemlich spät. Die Glücklichen aus der 10b hatten heute die letzten beiden frei.“

„Das macht nichts. Mama verteidigt unsere Portionen wie eine Löwin ihre Jungen. Mehr als ihm zusteht, bekommt Silas nur über Mamas Leiche.“

„Hallo? Seid ihr das?“, rief Frau Schmickler von oben.

„Ja“, antwortete Rahel. „Sollen wir etwas von unten mitbringen?“

„Den Traubensaft, bitte.“

„Wird erledigt.“

Rahel öffnete die Kellertür. „Bin gleich wieder da.“

Sophia setzte sich auf die Treppenstufen und starrte schon wieder auf das Bibelzitat. Warum regte sie sich bloß so darüber auf? Auch den Text, den sie als Vorbereitung für den Teenkreis am Freitag lesen sollten, fand sie nervig.

„Liebt eure Feinde, segnet, die euch fluchen, tut wohl denen, die euch hassen, und bittet für die, welche euch beleidigen und verfolgen, damit ihr Söhne eures Vaters im Himmel seid.“ (Matthäus 5,44-45)

Na super! Jetzt konnte sie das sogar schon auswendig! Diese blöden Vorschriften, die unmöglich zu erfüllen waren. Das konnte doch keiner schaffen! Oder?

„Meine Güte, Sophia. Guck doch nicht so.“

Rahel war zurück aus dem Keller. Sophia verzog den Mund schnell zu einem Lächeln und folgte ihrer Freundin die Treppe hinauf. Nach dem Händewaschen setzten sie sich an den Küchentisch, auf dem schon das Mittagessen auf sie wartete.

Mama setzte sich mit einer Tasse Kaffee zu ihnen. Rahel sprach ein kurzes Dankgebet für sich und Sophia. Direkt nach dem Amen stürzte sie sich auf den Zwiebelkuchen, als wäre sie kurz vor dem Verhungern. Ihr voller Mund gab ihrer Mutter die Gelegenheit, eine Neuigkeit loszuwerden.

„Übrigens kommt Nora nachher wieder zu einer Gesangsstunde“, begann Frau Schmickler.

„Mhm“, machte Rahel. Das klang neutral. „War die nicht erst gestern da?“

„Ja, richtig. Aber weil sie sich auf einen Wettbewerb vorbereiten möchte, kommt sie heute noch einmal.“

„Der KSC“, sagte Sophia. „Koblenzer Song Contest. Da macht Nora mit. Habe ich in ihrem Online-Profil gesehen.“

„Du folgst Nora auf Social Media?“, fragte Rahel verwundert, bevor die nächste Gabel in ihrem Mund landete.

„Warum nicht?“, fragte Sophia zurück und probierte auch ein Stück von ihrem Zwiebelkuchen.

„Nora hat wirklich Talent und eine schöne Stimme“, sagte Mama. „Aber letztes Mal schien sie mir irgendwie so bedrückt. Wisst ihr, ob sie vielleicht Probleme zu Hause oder in der Schule hat?“

„Lecker!“, schwärmte Sophia und sah Rahel fragend an.

Rahel zögerte kurz, dann entschloss sie sich, Mama von dem Liebesdrama auf dem Schulhof zu erzählen.

„Ihr Freund Nick ist jetzt mit ihrer besten Freundin Viola zusammen.“

„Ihrer Ex-Freundin“, sagte Sophia. „Und wir glauben, bis gestern wusste sie nichts davon.“

„Ach nein. Das arme Kind“, meinte Mama und guckte mitleidig. „Ich werde ihr ein Stück Kuchen mitnehmen, wenn ich gleich mit ihr bei Opa probe.“

Rahel grinste. Neben Pfefferminz- und Ingwertee gehörte auch gutes Essen zu Mamas erprobten Rezepten gegen alle Arten von Kummer, Liebeskummer eingeschlossen. Das sah man zu ihrem Leidwesen auch an der Figur. Aber Rahel liebte Mamas mütterliche Kurven. Sie sah nach Frau und nicht nach Mädchen aus. Es klingelte.

„Ah, da ist eure Freundin schon.“

„Ich habe nicht gesagt, dass sie eine Freundin von uns ist", protestierte Rahel.

„Was nicht ist, kann ja noch werden", meinte Mama diplomatisch. Sie nahm schnell einen Teller aus dem Schrank, legte ein Stück Zwiebelkuchen und Besteck dazu. „Ladet sie doch mal zum Teenkreis ein", schlug sie vor und machte sich auf den Weg nach unten, um ihrer Schülerin zu öffnen.

„Nützt nix, hat Ronny schon getan", wehrte Rahel ab, aber Mama hörte sie nicht mehr.

„Tee koche ich uns drüben", murmelte Frau Schmickler und öffnete die Haustür. „Hallo, Nora! Schön, dass du da bist."

„Das wäre am Freitag ja ein super Thema für unsere ‚Freundin' Nora", sagte Sophia, nachdem die Haustür unten ins Schloss gefallen war.

Sie nahm einen Schluck Traubensaft. Rahel wusste sofort, was Sophia meinte.

„Echt. ‚Liebt eure Feinde.' Wow. Nora springt Werner ins Gesicht, wenn sie das hört."

„Ist ja auch ein starkes Stück", fand Sophia. „Ganz ehrlich, Rahel. Der barmherzige Samariter ging ja noch. Das mit der Nächstenliebe kapiere ich. Das sollte man irgendwie hinkriegen als Christ, aber wenn der ‚liebe Nächste' so ein Idiot ist wie Nick oder wie Viola?"

„Ein Feind, der dir deinen Freund ausspannt?", fragte Rahel.

„Ja. Oder deine Freundin. Ist doch echt übel. Nora verliert Freund und Freundin an einem Tag. Und dann soll sie die beiden ‚lieben'? Ist doch unmöglich."

Rahel dachte nach.

„Tja, dann müsste man schon vollkommen sein. Und wer ist das schon?", fragte sie.

„Ach nee. Ich dachte, du wüsstest das."

„Was?"

„Na ja, wer vollkommen ist und was der Spruch unten im Flur bedeutet.“

„Welcher Spruch? Da hängen so viele“, fragte Rahel.

„Seid vollkommen wie euer himmlischer Vater und so weiter“, zitierte ihre Freundin.

„Ach der. Hm. Also, das weiß ich ehrlich gesagt auch nicht so genau, wie das gemeint ist“, antwortete Rahel.

„Mich regt das jedes Mal auf, wenn ich da vorbeigehe“, gab Sophia zu. „Das ist doch unmöglich. Das kann Gott doch nicht im Ernst von uns verlangen.“

„Ach, deswegen hast du vorhin so geguckt?“

Sophia nickte.

„Wenn ich an Noras Stelle wäre, ich würde meiner Freundin Viola die Augen auskratzen.“ Sophia hob die Hände und krallte die Finger. „Grrr“, machte sie.

„Hilfe!“, sagte Rahel und tat so, als würde sie erschrocken vor Sophia zurückweichen. Dann lachte sie. „Mein Glück, dass ich so etwas wie Viola niemals tun würde: dir den Freund ausspannen.“

„Dein Glück, dass ich gar keinen Freund habe“, sagte Sophia und verzog den Mund zu einem Grinsen.

„Was nicht ist, kann ja noch werden“, meinte Rahel ebenso diplomatisch wie Mama vorhin.

In diesem Moment kam Silas die Treppe hochgestürmt und polterte in die Küche. Sophia errötete leicht.

„Habt ihr schon das Neuste gehört?“, posaunte Rahels Bruder heraus.

Auch sein Gesicht war gut durchblutet, aber aus einem anderen Grund.

„Nein, was denn?“, fragte Sophia.

„In Huppingen wurde auch ein Geldautomat gesprengt. Diesmal der von der Volksbank. Heute Nacht oder besser heute früh.“

„Nicht dein Ernst!“, rief Rahel.

„Wo ist denn dieses Huppingen schon wieder?“, fragte Sophia.

„Nicht weit von hier. Das nächste Dorf Richtung Bad Neuenbrehl. Etwa zwei Kilometer um die Ecke. Da kommen wir locker mit dem Rad hin“, antwortete Rahel. „Und Ronny mit dem Bus. Der hält genau in der Dorfmitte.“

„Woher weißt du das?“, fragte Sophia Silas.

„Ich hab's gerade drüben bei Opa im Radio gehört. Das war nur ein paar Stunden nach dem Anschlag in Burgenach. So gegen fünf Uhr morgens. Nur dass in Huppingen niemand etwas mitgekriegt hat. Die Alarmanlage hat nicht funktioniert, und der Automat liegt im Industriegebiet. Ziemlich weit entfernt von den ersten Wohnhäusern.“

„Ideal für die Täter“, seufzte Sophia.

„Woher weiß man dann, dass es um fünf Uhr war?“, hakte Rahel nach.

„Ein Mann ist mit seinem Hund um halb fünf am noch völlig intakten Geldautomaten vorbeigegangen. Eine Polizeistreife, die um halb sechs vorbeifuhr, fand schon alles zerstört vor. Als der Hundehalter um sechs Uhr noch mal Gassi ging, hat er das den Polizisten gesagt, also, dass eben noch alles in Ordnung war.“

„Warum geht der denn dauernd mit seinem Hund raus?“, fragte Rahel.

„Der Dackel hat eine Blasenentzündung und muss ständig pinkeln.“

„Alles klar. Worauf warten wir?“

„Rahel!“, rief Sophia. „Du willst doch da jetzt nicht hin, oder?“

„Warum nicht? Ich will dazulernen. Eine Tatortbesichtigung kann nicht schaden. Vielleicht finden wir irgendwelche Spuren. Die Bösen sind doch längst über alle Berge.“

„Oder in Holland“, sagte Silas.

Sophia und Ronny wussten über die Sprengung in Burgenach und das Dürener Kennzeichen des Fluchtfahrzeuges Bescheid. Heute Morgen auf dem Schulhof war nichts anderes Gesprächsstoff der Detektei gewesen.

„Ich finde Rahels Idee gut, Sophia“, sagte Silas. „Ich bringe Ronny auf den neusten Stand. Der hat jetzt Schluss bei der Caritas. Er arbeitet immer noch an Birgits Computer. Freiwillig.“

„Sag ihm, er soll direkt nach Huppingen kommen“, verlangte Rahel. „Nach unserer Tatortbesichtigung fahren wir zur Zentrale und probieren Opas Heizlüfter aus. Er meint, das reicht, um unseren Caritas-Bus etwas aufzuwärmen, falls wir unsere Detektei-Treffen im Winter wirklich dort abhalten wollen.“

„Natürlich wollen wir“, sagten Sophia und Silas gleichzeitig.

„Es ist einfach total cool im Wald“, schwärmte Sophia. Dann stutzte sie. „Aber funktioniert so ein Heizlüfter nicht mit Strom?“

„Doch. Opa leiht uns seinen alten Generator.“

„Was ist das?“, fragte Sophia.

„Ein Stromerzeuger“, erklärte Rahel. „Wird mit Benzin gefüttert. Onkel Anton bringt uns das Teil mit dem Trecker. Er zeigt uns dann nachher, wie wir den Generator anschmeißen müssen.“

Nur eine halbe Stunde später waren die drei Freunde in Huppingen angekommen. Ronny wartete an der Bushaltestelle. Bis zum Geldautomaten waren es nur wenige hundert Meter. Doch schon von Weitem sahen sie, dass die Polizei mit der Spurensicherung noch nicht fertig war. Vor dem Tatort standen zwei Fahrzeuge: ein Streifenwagen und ein

Bulli. Auch hier bot sich den Detektiven ein Bild der Zerstörung. Jede Menge Glassplitter, verbogene Metallstücke, Betonstücke und sogar ein paar Geldscheine lagen herum. Das kleine Haus, in dem der Bankomat untergebracht war, war mit dem vertrauten Absperrband verschnürt. Diesmal stand sogar das Wort POLIZEI auf der dünnen Plastikfolie. Der heftige Wind hatte ein Ende des rot-weißen Bandes gelöst. Es flatterte traurig in der Luft und knatterte dabei wie ein Flugdrachen, der ungeduldig an seiner Leine reißt. Zwei Männer in weißen Anzügen und Plastiktüten über den Schuhen bewegten sich vorsichtig zwischen den Trümmerteilen. Den dritten Polizisten kannten sie: Herr Bertram. Als er die Jugendlichen erkannte, winkte er sie bis auf ein paar Schritte heran.

„Was für ein Zufall!", begrüßte er die Gruppe. „Macht ihr öfter einen Ausflug nach Huppingen?"

„Wir sind absichtlich hier, Herr Bertram", gab Silas zu.

„Das habe ich mir fast gedacht", sagte Herr Bertram.

„Wir wollen dazulernen", behauptete Ronny mit einem Seitenblick auf Rahel.

„Genau", stimmte sie ihm zu. „Dürfen wir?"

„Wenn ihr genug Abstand haltet und unsere Arbeit nicht stört", sagte der eine Kriminaltechniker in dem weißen Anzug, „dann ist das kein Problem."

„Danke!", sagten Silas und Sophia gleichzeitig.

„‚Abstand' heißt …?", fragte Rahel nach.

„Bis zum Absperrband", sagte Herr Bertram.

Die neugierigen Zuschauer rückten auf. Stumm sahen sie den Polizisten bei der Arbeit zu. Es dauerte, bis die wichtigen Teile gefunden und eingetütet waren. Irgendwann taten Sophia die Beine weh. Sie ging zu ihrem Fahrrad und hockte sich auf einen Betonpoller daneben. Silas überlegte, ihr zu folgen. Doch Ronny und Rahel hatten noch nicht genug. Sie beobachteten jeden Handgriff genau und versuchten, jedes Detail zu erfassen, das irgendwie wichtig sein konnte.

„Ich glaube, diesmal ging nicht alles so glatt", sagte Ronny nach einer Weile nachdenklich.

„Warum das?", fragte Rahel. „Ich denke, es hat niemand etwas mitbekommen. Kein Video oder Foto von der Tat, keine Zeugen."

„Das nicht, aber guck mal da."

Ronny zeigte auf ein paar scharfkantige Metallteile, die im Vorraum der Volksbank lagen. Bis gerade eben hatte ein Stein darüber gelegen, der nun eingetütet war. Rahel streckte erst nur den Kopf vor. Dann ging sie in die Hocke und stieß einen Pfiff aus.

„Da ist Blut an einem Teil."

Der Polizist, der gerade mit einer weiteren Plastiktüte vor dem Metallteil hockte, nickte zufrieden.

„Blut ist für uns von der Kriminaltechnik so etwas wie ein Sechser im Lotto. So kann man zumindest diesen Anschlag genau einem Täter zuordnen."

„Wenn man ihn denn hat", seufzte Herr Bertram. „Also, den möglichen Täter."

„Oder seinen genetischen Fingerabdruck in der Datenbank", meinte der Kriminaltechniker achselzuckend. „Glück gehört dazu."

„Aber im Radio haben die gar nichts von Verletzten gesagt, oder?", fragte Rahel ihren Bruder.

Er schüttelte den Kopf.

„Wenn offiziell niemand verletzt wurde, hat es dann einen der Täter erwischt?", überlegte Rahel laut und sah sich um, als ob irgendwo in der Nähe ein Verletzter zu sehen wäre.

„Könnte sein", meinte Silas.

Der Polizist sagte nichts. Er tütete das Metallstück ein und hielt es freundlich in die Höhe, damit die Kinder einen Blick darauf werfen konnten. Nur Sophia blieb in ausreichender Entfernung sitzen.

„Mann, das ist ja übel. Das Teil ist scharf wie ein Messer", stellte Silas fest. „Wenn so was durch die Luft fliegt, dann viel Spaß. Das gibt eine hässliche Wunde."

Ronny war ein paar Schritte zur Seite gegangen und sah sich die hüfthohen Büsche an, die rund um das Bankomatenhäuschen wucherten. Auch Rahel betrachtete die Pflanzen aus der Nähe.

„Ziemlich lädiert. Mehrere Zweige und kleinere Ästchen sind abgebrochen. Sieht fast so aus, als hätte jemand eine Schneise in die Büsche geschlagen, um auf diesem Weg zu fliehen."

Nachdenklich sah sie in die Richtung, in der der kleine Trampelpfad verschwand. „Oder er wollte nur zum Spielplatz und war zu faul, hintenrum zu gehen."

„Führt in den Wald", stellte Rahel fest, die Ronnys Blick gefolgt war. „Dürfen wir uns das mal ansehen?"

Herr Bertram sah fragend zu den Kollegen. Die nickten.

„Versucht ruhig euer Glück", sagte der Polizist dann. „Wir haben nichts gefunden."

Schnell betrat Ronny die kaum erkennbare Schneise zwischen den Büschen. Rahel folgte ihm vorsichtig. Trotzdem brachen ein paar weitere Ästchen, als sich die Teenager durch die Pflanzen quetschten, und Dornen bohrten sich durch Rahels Hose.

„Autsch", sagte sie und rieb sich über den Oberschenkel.

„Pass auf", meinte Sophia, „das sind Rosenbüsche."

„Hab ich gemerkt", stöhnte Rahel und versuchte, bei den nächsten Schritten den Dornen auszuweichen. Aber das war unmöglich, je weiter sie in das Dornendickicht vordrangen. Also biss sie die Zähne zusammen und suchte mit den Augen aufmerksam die linke Seite der Büsche ab, während Ronny immer nach rechts blickte. Doch es war nichts zu entdecken. Keine Fußspuren oder sonst irgendetwas. Nach etwa zwanzig Metern lichtete sich der Bewuchs endlich, und die beiden Detektive standen am Zaun des Kinderspielplatzes.

„Wollt ihr noch weitersuchen? Oder müssen wir schon zur Zentrale, damit Anton nicht umsonst auf uns wartet?", fragte Sophia.

Silas blickte auf seine Uhr.

„Es wird zu spät. Ich sage Anton ab. Das mit dem Heizlüfter können wir auch morgen ausprobieren, oder?"

„Ja, ich würde auch lieber hier noch etwas weitersuchen. Vielleicht ist der Täter in den Wald hinauf geflüchtet", überlegte Sophia und blickte auf die Bäume, die gleich nach dem Spielplatz kamen.

Doch obwohl sie noch weitere zwei Stunden die ganze Gegend um das Häuschen gründlich absuchten und auch dem vermeintlichen Fluchtweg in den Wald ein Stück folgten, fanden sie nichts, das irgendwie verdächtig gewesen wäre. Auch die Polizei verließ den Tatort. Der Reinigungsdienst, den die Bank beauftragt hatte, konnte sich endlich an die Arbeit machen und die letzten Spuren beseitigen.

# KAPITEL 9

## RACHE IST SÜSS

In der ersten großen Pause herrschte auf der Mädchentoilette des Matthias-Claudius-Gymnasiums wie immer reger Andrang.

„Au“, rief Nora und drehte sich wütend um. Jemand, der auch noch in den Waschraum wollte, hatte ihr die Tür in den Rücken gerammt.

Sophia guckte erschrocken.

„Sorry, Nora“, entschuldigte sie sich.

„Pass doch auf, Bounty“, schimpfte Nora und schubste Sophia zurück.

„Mal langsam. Das war doch keine Absicht“, sagte Rahel, die hinter ihrer Freundin stand, und blickte das aufgebrachte Mädchen fest an. „Kein Grund, jemanden zu beleidigen, Nora.“

„Ihr könnt mich alle mal“, schimpfte Nora und sammelte die Hefte auf, die ihr beim Zusammenstoß mit der Tür aus der Schultasche gefallen waren. Dann stieß sie noch ein paar Schimpfwörter aus und rauschte durch die immer noch offene Tür auf den Gang hinaus. Rahel sah ihr kopfschüttelnd hinterher.

„Die hat sie doch nicht mehr alle“, schimpfte Sophia.

„Lag das eben auch schon da?“, fragte Rahel und bückte sich. Sophia sah zu Boden.

„Keine Ahnung, vielleicht ist es Nora aus der Tasche gefallen. Was steht denn da drauf?“

Interessiert beugte sie sich über das kleine Tütchen, das ihre Freundin jetzt in der Hand hielt. Es war an einer Ecke aufgerissen und leer.

„Picoprep“, las Rahel. „Pulver zum Herstellen einer Lösung. Gut bekömmlich und einfach in der Anwendung.“

„Ihr steht im Weg“, beschwerten sich zwei Achtklässlerinnen, die ebenfalls zur Toilette mussten. Die beiden Freundinnen rückten zur Seite.

„Schmeiß weg“, schlug Sophia Rahel vor. „Geht uns doch nichts an, was die nimmt. Sieht ja auch harmlos aus. Nichts, bei dem wir uns Sorgen um Nora machen müssten, falls es wirklich aus ihrer Tasche kam.“

Rahel starrte immer noch auf das kleine Tütchen.

„Ich weiß nicht, das kommt mir irgendwie bekannt vor“, überlegte sie und roch an der aufgerissenen Ecke. „Orangengeschmack …“

„Vielleicht ein Kopfschmerzmittel?“, meinte Sophia. „Das sieht so ähnlich aus. Da ist auch manchmal Vitamin C mit drin, und es schmeckt nach Zitrone.“

„Kann sein.“ Rahel suchte auf der leeren Verpackung nach dem Wirkstoff, der irgendwo aufgedruckt sein musste. „Ah, da“, sagte sie. „Gib mal Natrium…pico…sulfat ein“, forderte sie ihre Freundin auf. Sophia tat Rahel den Gefallen. Dann las sie vor, was auf dem Display ihres Handys erschien:

„Medikament, das zu den Laxa… La – xa – ti – va gehört. Hä? Was soll das denn sein? Habe ich noch nie gehört.“

„Steht da nicht noch mehr?“, fragte Rahel.

„Doch: Die Anwendung kann für kurze Zeit bei Verstopfung erfolgen und um einen erleichterten Stuhlga…“

„Ach, du Scheiße!“, unterbrach Rahel sie.

Sophia sah sie verwundert an.

„Meinst du das jetzt medizinisch?“

Rahel grinste.

„Könnte man so sagen. Das ist ein Abführmittel, damit du besser sch… kannst.“

„Wofür braucht denn Nora so was?“, fragte Sophia.

Rahel grinste noch breiter.

„Frag lieber, für wen…“

„Nein!“ Sophia schlug sich die Hand vor den Mund.

„Doch“, kicherte Rahel. „Hier, guck mal: Die gewünschte Wirkung tritt sechs bis zwölf Stunden nach der Einnahme ein.“

Sophia sah auf die Uhr.

„Könnte knapp werden, wenn die nachmittags Unterricht haben.“

„Könnt ihr nicht draußen quatschen?“

Wieder wurden die Freundinnen angerempelt.

„Ja, ja, wir sind ja schon weg“, sagte Rahel und griff nach der Türklinke. „Komm, das müssen wir den Jungs erzählen.“

„Geh schon mal vor. Ich komme gleich nach“, meinte Sophia. „Schließlich hatte ich hier eigentlich etwas anderes zu erledigen. Ich muss wirklich dringend.“

„Auch ohne Laxativum?“

„Sehr witzig.“

„Ich warte auf dem Schulhof auf dich. Bis gleich.“

Als Sophia zu den anderen stieß, trugen die alle ein breites Grinsen im Gesicht und guckten zur Raucherecke. Viola und Nick standen wieder eng umschlungen, und Nick nahm gerade einen großen Schluck aus seiner Energydrink-Dose.

„Ob das da drin ist?“, fragte Ronny. „Dann ist die Rache tatsächlich süß.“

„Stimmt. Das Zeug ist so widerlich süß, dass man nicht merkt, wenn einer was reinkippt, was nur leicht salzig ist. Ich hoffe, es bekommt ihm."

Silas hörte sich etwas besorgt an.

„Geschieht ihm doch nur recht", meinte Ronny.

„Oh, oh", machte Rahel, denn in diesem Moment reichte Nick seiner neuen Freundin den Drink. Viola nahm mehrere Schlucke und gab die Dose dann zurück.

„Ist das nicht herzig, die beiden teilen alles", freute sich Ronny. „Nicht nur Freud, sondern gleich auch Leid."

Rahel stieß Sophia an.

„Guck mal, da ist unsere Rächerin persönlich."

Ronny und die anderen wandten den Kopf nach links. Nora stand bei einer der Bänke an den Tischtennisplatten und starrte Nick und Viola an, als müsste das Getränk sofort hier auf dem Schulhof einen durchschlagenden Erfolg haben.

Rahel kam plötzlich eine Idee. Ohne groß weiter darüber nachzudenken, schlenderte sie zu Nora hinüber. Die bemerkte sie erst, als sie direkt neben ihr stand.

„Hi. Da musst du schon etwas geduldiger sein. So schnell wirkt das Zeug nicht", sagte Rahel.

Nora wurde blass.

„Woher weißt du…?", fragte sie.

Rahel zeigte ihr das Tütchen, das sie gefunden hatte.

„Hast du gerade verloren."

Nora presste die Lippen aufeinander. Dann sah sie rasch zu Rahel.

„Verpetzt du mich?", fragte sie.

„An Nick bestimmt nicht", sagte Rahel. „Darf ich fragen, wo du das herhast?"

Nora verzog den Mund.

„Auch Verwendung dafür?"

Rahel schüttelte den Kopf.

„Nee, ich überlasse die Rache lieber Gott", rutschte es ihr heraus.

Da war es wieder, ihr loses Mundwerk. Manchmal redete sie, ohne nachzudenken. Gleich würde Nora sich über sie lustig machen. Rahel wappnete sich für eine verächtliche Bemerkung. Aber diesmal irrte sie sich. Nora stichelte nicht. Sie antwortete ganz sachlich.

„Aus der Apotheke habe ich das", sagte sie. „Kann man da kaufen."

Nora schaute immer noch wie gebannt auf ihren Exfreund und Viola. Rahel schluckte.

„Picoprep wirkt erst nach sechs bis zehn Stunden", meinte sie. „Oder?"

Nora grinste.

„Ja, wenn du die einfache Dosis nimmst. Ein bis zwei Teelöffel auf ein Glas Wasser."

Sie verschränkte zufrieden die Arme vor der Brust.

„Da ist mehr drin?", fragte Rahel, nun doch etwas erschrocken.

„Allerdings. Wenn schon, denn schon."

„Oha", machte Rahel.

Mehr fiel ihr nicht ein. Stumm und gespannt stand sie neben Nora, bis es zur nächsten Stunde klingelte. Doch auch dann bewegte sich keine von beiden vom Fleck, denn plötzlich verzog Nick das Gesicht und griff sich an den Bauch. Ungerührt sah Nora weiter in seine Richtung, während Rahel zu ihrem Bruder guckte. Ronny, Sophia und Silas schlenderten auf die Schultür und damit auf die beiden Mädchen an der Tischtennisplatte zu. Nick krümmte sich und hielt sich an einem kleinen Mäuerchen fest. Viola hatte ihm besorgt die Hand auf den Rücken gelegt. Doch der Oberstufenschüler schüttelte sie ab und rannte plötzlich auf die Eingangstür zu, in deren Nähe die Mädchentoiletten lag. Die Jungentoiletten befanden sich im ersten Stock. Die würde er nicht erreichen, ohne sich in die Hose zu machen. Seine neue Freundin sah ihm verblüfft nach. Dann fasste auch sie sich an den Bauch und stürzte auf das Schulgebäude zu. Erst kurz vor der Tür streifte sie Nora mit einem verzweifelten Blick. Die starrte kalt lächelnd und höchst zufrieden zurück. Daraufhin verwandelte sich die Verzweiflung in Violas Augen in Wut. Doch sie konnte sie nicht an Nora auslassen. Jedes Wort war zu viel, wenn sie die Toilette rechtzeitig erreichen wollte. Mit verkniffenem Mund hastete Viola in das Schulgebäude.

„Ich hoffe, Nick und Viola schmoren bis Schulschluss nebeneinander auf der Mädchentoilette!“, wünschte Nora sich.

„Ich denke, da hast du gute Chancen. So schnell lässt die Wirkung nicht nach.“

Rahel konnte Nora irgendwie verstehen. Sie holte tief Luft und fragte:

„Hast du Lust, am Freitag mal mit zu unserem Teenkreis zu kommen?“

Nora nahm ihre Schultasche von der Bank und zog ihre perfekten Augenbrauen hoch.

„Ich?“, fragte sie und sah sich um, als sei sie sich nicht sicher, ob Rahel wirklich sie gemeint hatte oder ein anders Mädchen.

Da niemand in der Nähe war, wusste Rahel nicht, ob das ein Scherz sein sollte.

„Warum nicht?“, fragte sie.

„Weil du mich nicht leiden kannst!“, antwortete Nora sehr direkt. „Warum solltest du wohl ausgerechnet mich in eurem Club dabeihaben wollen?“

Rahel hob die Schultern und ging weiter neben Nora her. Das war jetzt echt peinlich. Sie konnte schlecht sagen, dass sie Nora als Feind betrachtete, den sie lieben sollte.

„Ja, äh“, gab sie zu. „Du bist ehrlich gesagt nicht gerade superfreundlich zu mir und Sophia.“

Nora hielt die Schultür auf. Rahel betrat das Gebäude und warf einen Blick über die Schulter zurück. Die anderen hatten den linken Eingang benutzt und waren nirgendwo zu sehen. Nora hielt immer noch die Tür und stand wie festgeklebt.

„Kann ich da geschminkt hinkommen?“, fragte sie plötzlich.

Rahel beeilte sich mit der Antwort.

„Klar“, sagte sie. „Komm einfach, wie du bist. Das tun wir alle.“

„So, fertig!“ Ronny nahm die Hände von der Computertastatur.

„Ich kann mein Glück gar nicht fassen“, sagte Birgit, Onkel Antons Sozialarbeiterin. „Du hast mir wirklich ein Programm geschrieben, mit dem sich alles einfacher ordnen und überblicken lässt. Und es ist auch noch leicht zu bedienen.“

„Benutzerfreundlich.“

„Du bist ein Genie.“

Birgit starrte ehrfürchtig auf den Bildschirm. Ronny lachte.

„Wohl kaum. Programmieren ist Handwerk, und es macht mir Spaß. Außerdem habe ich so etwas Ähnliches schon mal zur Übung in der Schule probiert. Mein Lehrer aus der Informatik-AG hat mir viel beigebracht. Eigentlich ist er also schuld. Habe mir gestern auch noch ein paar Tipps von ihm geholt.“

„Muss ein prima Lehrer sein“, meinte Birgit.

Ronny nickte.

„Hat mal Informatik studiert.“

„Was kann ich dir Gutes tun?“, wollte Birgit wissen. Ronny überlegte.

„Wenn ich gelegentlich hier in der Werkstatt zum Mittagessen vorbeikommen könnte, wäre das cool", antwortete er. „Meine Mutter kommt oft erst abends nach Hause."

„Betrachte dich als eingeladen", erwiderte Birgit lachend. Dann wurde sie wieder ernst. „Wenn du das zu deinem Beruf machst, kannst du damit echt viel Geld verdienen. Ist dir das klar?", fragte sie und zeigte auf den Computer.

„Ich weiß, und bis jetzt wollte ich das auch …"

„Aber?"

„Hier bei euch ist es ehrlich gesagt auch schön. Hier … hier arbeiten Menschen, mit denen man klarkommt."

„Ja, das finde ich auch", bestätigte Birgit. „Und wenn sogar du das sagt, als Computerflüsterer, dann muss es wohl stimmen." Sie sah auf die Uhr. „Wie wäre es? Hast du Lust, mit den Gärtnergehilfen rauszufahren?"

„Onkel Antons Team?"

„Ja, sie müssen heute auf einigen städtischen Flächen Gras nachsäen und die letzten Büsche und kleineren Bäume beschneiden."

„Dann bin ich dabei", stimmte Ronny zu. Er stand auf und streckte sich. „Wo muss ich mich melden?"

„Bei Michael, aber ich bringe dich hin. Muss sowieso in die Richtung. Wenn ihr wieder zurück seid, so um sechzehn Uhr, ist dein Praktikum offiziell beendet. Schön, dass Herr Kocher es bis heute verlängert hat. Mit Rücksicht auf meine Nerven."

„Meinetwegen könnte der *Boys' Day* demnächst eine ganze Woche gehen", sagte Ronny.

Birgit schmunzelte und schloss die Bürotür ab.

„Hauptsache, kein Unterricht, oder? Ist doch immer noch wie zu meiner Zeit."

„Das hast du gesagt", meinte Ronny grinsend. „Na ja, Silas meint, sein Onkel erzählt schon seit Tagen von dem Gras."

„Ja, das kann ich mir vorstellen. Das ist typisch unser Anton“, sagte Birgit. „Und so liebe ich ihn.“

# KAPITEL 10

## IN GEFAHR

Herr Schmickler starrte auf den beigen Umschlag in seiner Hand. Diesmal hatte er eine anonyme Botschaft in der Hauspost gefunden. Doch auch wenn der Absender nicht so freundlich gewesen war, seinen Namen zu vermerken, musste er in der Firma zu suchen sein. Oder wenigstens Zutritt haben. Sonst kam man nicht an die Hauspost. Mit feuchten Fingern zog der Rechtsanwalt zwei DIN-A4-Blätter heraus und las die knappe Nachricht:

100.000?
Antwort bis Montag

stand auf dem einen Blatt. Das zweite Papier war eine Schwarz-Weiß-Kopie des Fotos von Onkel Anton, das er neulich vermisst hatte. Schnell warf Paul Schmickler einen Blick auf das bunte Original, das nun wie immer vor ihm auf dem Schreibtisch stand, als sei es nie weg gewesen. Tatsächlich, es war das gleiche Foto seines Bruders. Die Kopie war nur größer, und jemand hatte ein schwarzes Band quer über die rechte untere Ecke gemalt oder mit einem Programm ergänzt. Ein Trauerflor, als wäre Anton verstorben. Paul Schmickler wusste den

Hinweis richtig zu deuten: eine feige Drohung! Jemand kündigte ihm den Tod seines Bruders an. Für den Fall, dass er die 100.000 nicht annahm und damit sein Schweigen garantierte, dieses „Silencio!", würde Anton etwas zustoßen!

Der Rechtsanwalt ließ die Blätter sinken, und plötzlich wich seine nervöse und gereizte Stimmung einer seltsamen Ruhe. Es war so ähnlich, wie wenn er vor einem spannenden Rechtsproblem stand, aber sicher war, dass er es lösen würde. Mit hellwachem Verstand analysierte er die komplizierte Situation in Gedanken, als würde sie einen Fremden, einen Klienten, betreffen, und nicht ihn selbst. Er sah die Tatsachen vor sich, als seien sie auch auf ein Blatt Papier gedruckt und in einer Akte abgeheftet.

Es war zwar lange her, dass Herr Schmickler sich mit Strafrecht befasst hatte. Trotzdem wusste er, dass diese anonyme Aufforderung zum Schweigen verbunden mit einer Drohung nur als Nötigung einzustufen war. Das war laut Strafgesetzbuch kein Verbrechen, sondern nur ein einfaches Vergehen. Wegen solch einer Nachricht würde man weder verdeckte Ermittler hier bei der CWL einsetzen noch Anton Polizeischutz geben. So verrückt es auch klang, die Gefahr für seinen Bruder war nicht groß und nicht konkret genug, die Bedrohung zu klein.

Also blieb im Moment nur eins: Er würde sich selbst helfen müssen. Dafür musste er mit Paps sprechen. Der hatte früher beim Personenschutz gearbeitet. Vielleicht kannte er noch jemanden aus alten Tagen, der einen guten privaten Beschützer für Anton abgab. Das war Problem Nummer eins. Problem Nummer zwei: das Geld. Sollte er so tun, als würde er auf die Forderung dieser Leute eingehen und die 100.000 € annehmen? Würde das seinen Bruder erst einmal aus der Schusslinie nehmen? Und schon kam Problem Nummer drei: Wie sollte er mit den Absendern dieses Umschlags Kontakt aufnehmen, wenn er sie nicht kannte? Wer aus seinem Umfeld könnte überhaupt so etwas tun? Wer war zu so einer Gemeinheit in der Lage? Jemand von der Konkurrenz, der ihn ausschalten wollte? Ging es um die geheimen Einzelheiten der Amerika-Verträge? Oder war es ein Wirtschaftsrecht-Kollege, der seinen Posten wollte? Unsinn! Für nichts davon hatte er irgendwelche Anhaltspunkte.

Also blieb schon wieder nur diese seltsame Liste übrig. Herr Schmickler nickte. Mit der Liste hatten seine Probleme begonnen. Nachdenklich sah der Rechtsanwalt zu seinem Computer und griff nach der Maus. Ein paar Klicks, und er hatte die beiden Fotos von der Liste aufgerufen. Er lächelte bei dem Gedanken, dass Frau Samsone glaubte, er hätte sie auf seinem Smartphone gelöscht, ohne sie vorher zu sichern. Beinahe hätte er es selbst vergessen. Nun studierte er erneut die handschriftliche Notiz auf Seite zwei. Sie war so unleserlich, als hätte sie ein Arzt auf einen Rezeptblock hingeschmiert. Akzente schwebten über dem Gekritzel, wie man sie im Spanischen oder Französischen benutzte.

„Kein Deutsch und kein Englisch", murmelte Herr Schmickler und versuchte, irgendwelche sinnvollen Wörter zusammenzusetzen.

Aber das Einzige, was er mit viel Fantasie von dem Gekritzel entziffern konnte, waren zwei Großbuchstaben ganz unten auf dem Zettel. Ein E am Anfang und ein S in der Mitte. Sie gehörten zu einem Wort, dass insgesamt sechs Buchstaben hatte. Die anderen vier waren klein. Leider kam er damit nicht weiter. Nicht einmal das Internet war schlau genug, um nur mit einem E und einem S irgendetwas zu finden. Er brauchte weitere Hinweise.

„Vielleicht ist es ein Name?", sagte er plötzlich zu sich selbst. „Ein Ort? In Mexiko oder Paraguay."

Herr Schmickler wechselte das Dokument, um sich die Vorderseite des rätselhaften Blattes anzusehen: eine

Aufstellung, die aus einer Spalte mit Ortsnamen und zwei Spalten mit Zahlen bestand. Doch keiner der Orte begann mit E und hatte in der Mitte ein großes S. Nachdenklich betrachtete Herr Schmickler die vielen Zahlen. In der ersten Spalte war hinter jeder Zahl ein kleines Buchstabenkürzel verzeichnet: „bbl". Er gab das Kürzel ins Internet ein. Basketballbundesliga war wohl kaum die richtige Antwort. Herr Schmickler fütterte die Suchleiste mit einem weiteren Hinweis: Maßeinheit. Sofort spuckte das gespeicherte Weltwissen die Antwort aus. ‚Barrel' lautete die Lösung, ein englisches Hohlmaß, etwa hundertneunundfünfzig Liter. Die andere Spalte konnte nur eine Aufstellung von Euro- oder Dollarbeträgen sein.

Zufrieden lehnte sich der Rechtsanwalt zurück und strich sich über den Bart. Dann legte er nachdenklich drei Finger an den Mund.

„Jetzt fange ich endlich an zu verstehen. Das sind Lieferungen", flüsterte er hinter der vorgehaltenen Hand. „Hier liefert jemand etwas nach Südamerika oder Mexiko." Er sah sich die Euro- oder Dollarbeträge an. „Jemand verdient Geld, und zwar im ganz großen Stil. Jemand, der Spanisch oder Italienisch spricht? Aber jetzt ist dieser jemand zu weit gegangen. Niemand bedroht ungestraft meine Familie."

Er schloss die Dokumente und fuhr den Computer herunter.

„Und ich wette, derjenige verfasst auch anonyme Drohungen. Aber ich finde heraus, wer das war", versprach er sich selbst und stand entschlossen auf.

„I… Ich säe heute Gras nach", verkündete Anton, sobald er Ronny erblickte.

Er trug seine grüne Gärtner-Latzhose, das karierte Hemd und Sicherheitsschuhe und grinste über das ganze Gesicht.

Man sah ihm an, dass er es kaum erwarten konnte, endlich mal wieder rauszufahren. Dirk und Andreas standen neben ihm und guckten genauso glücklich.

„Ich weiß, Anton", sagte Ronny geduldig. „Und ich gucke euch zu."

„Och, du kannst ruhig selbst Hand mit anlegen", meinte Michael Hammerschmidt, Birgits Kollege, und schloss die Autotür des kleinen Pritschenwagens auf. Er war mit Sägen, Astscheren, Gießkannen, Wasserkanistern und einigen vollen Säcken beladen.

„D... Das sind Grassamen", erklärte Anton und zeigte auf die Säcke.

„Aha", machte Ronny.

Er verzichtete darauf, Rahels Onkel zu erklären, dass er auf den ersten Blick gesehen hatte, was die Säcke enthielten. Das Wort „Rasensaat" stand deutlich sichtbar außen aufgedruckt. Da in den Pritschenwagen nur Michael und Ronny als Beifahrer passten, kletterte Anton mit seinen Freunden in einen kleinen Bulli, den ein weiterer Mitarbeiter der Caritas mit Namen Klaus fuhr. Klaus war kurz vor der Rente und genauso gemütlich wie sein beachtlicher Bauch, der noch so eben in seine ebenfalls grüne Latzhose passte. Außer seinen drei Passagieren hatte Klaus in seinem VW einen Rasenmäher und einen Laubbläser geladen. Er ließ den Motor an und pfiff gut gelaunt vor sich hin, sobald die Räder rollten.

„Probier's mal mit Gemütlichkeit, mit Ruhe und Gemütlichkeit", sang Anton, der das Lied nach ein paar Takten erkannt hatte. Das Wetter war herrlich warm und trocken. Klaus öffnete die Fensterscheiben, und die Männer ließen sich die frische Luft um die Nase wehen. Dirk und Andreas stimmten in das Lied von Balu, dem Bären, mit ein. Sie sangen so laut und falsch, dass sich sämtliche Fußgänger nach ihnen umdrehten, an denen sie vorbeifuhren.

Nach kurzer, aber lustiger Fahrt kam die kleine Mannschaft an ihrem ersten Einsatzort am Stadtrand an. Mehrere Bauminseln in der Nähe des Rheinufers sollten winterfest gemacht werden. Michael parkte den Pritschenwagen nach der letzten Kurve, die die Rheinallee nahm, am rechten Straßenrand. Hier befand man sich noch ein Stück oberhalb des großen Stromes. Danach führte die Straße, die sich vorher mehrere Kilometer durch fast ganz Burgenach geschlängelt hatte, endgültig hinunter zum Rhein. Klaus stellte seinen Bus hinter dem Pritschenwagen ab und stieg aus.

„Wir gehen den Hügel runter und beginnen unten am Fluss", erklärte Michael. „Dann müssen wir das Schnittgut, das wir auf den Folien sammeln, nicht am Ende den ganzen Hügel hinaufschleppen, sondern kommen automatisch damit hier oben an, wenn wir mit der letzten Bauminsel fertig sind."

„Sehr gute Idee", stimmte Klaus zu. „Nie mehr Mühe machen, als man muss."

Onkel Anton schnappte sich sofort einen Sack mit Grassamen und ging die Straße hinunter. Ronny beeilte sich, mit ihm Schritt zu halten. Dirk griff nach den Ast- und Rosenscheren und folgte seinem Freund. Andreas dagegen beschäftigte sich langsam und ausführlich mit dem Laubbläser. Es dauerte eine Weile, bis er ihn mit der Hilfe von Klaus umgeschnallt hatte. Aber dann trug er ihn wie einen Orden ebenfalls zum Flussufer hinunter. Hier kreuzte die Rheinallee einen schmalen Rad- und Wanderweg, bevor sie als Bootsrampe im Fluss endete. Auf der Ecke wuchs ein junger Ahornbaum umgeben von Kräuterbüschen. Dirk fing sofort an, die Büsche zu beschneiden. Anton sah zu und gab ihm Tipps. Den Beutel mit dem Grassamen hatte er abgestellt.

„M… Mehr abschneiden", riet er seinem Freund. „D… Den Lavendel und Thymian muss man ganz runterschneiden." Er zeigte mit der Hand eine Höhe von ungefähr zehn Zentimetern über dem Boden. „Soooo tief!", verlangte er.

Michael drückte Ronny eine Folie in die Hand.

„Breite die bitte auf dem Boden aus, damit die Äste, die ich vom Baum hole, darauf fallen."

„D… Das ist der Rückschnitt", erklärte Onkel Anton Ronny. „Das kommt auf den Kompost."

Ronny nickte, bückte sich und tat, worum der Betreuer ihn gebeten hatte.

„W… Wenn der Kompost fertig ist, kann man den abholen. D… Das ist kostenlos. Ha… Hasse gehört, Ronny? Kostenlos. B... Bei der Stadt."

„Danke, Anton", meinte Michael. „Jetzt hast du genug erklärt. Fass mal mit an."

„M… Mach ich doch schon", behauptete Anton und half Ronny beim Verlegen der Folie.

Dabei war er tatsächlich still, und sie arbeiteten sich in der nächsten Stunde konzentriert von Baum zu Baum die Straße herauf. Dann leerten Ronny und Anton die große Folie gemeinsam auf der Ladefläche des Pritschenwagens aus, um mit der leeren Folie auf der anderen Straßenseite wieder zum Ufer hinunterzugehen. Dort begann die Arbeit von Neuem, nur dass jetzt keine Büsche zu beschneiden, sondern Gras nachzusäen war, da die Bäume hier von Rasen umgeben waren. Endlich kam Anton zu seinem heiß ersehnten Einsatz. Er knotete bereits einen Saatgutsack auf.

„Warte, Anton", bat Michael ihn. „Ich möchte noch einmal kurz erklären, worauf es ankommt."

„M… Mann! D… das weiß ich doch längst", beschwerte sich Anton und verschränkte die Arme vor der Brust.

Er hatte nun wirklich lange genug gewartet. Beleidigt schlenderte er ein Stück zur Seite. Michael ließ sich von seiner Reaktion nicht stören. Geduldig fuhr er mit seiner Erklärung fort. Alle Arbeiter standen mit dem Gesicht zum Rhein und dem Rücken zur Straße. Sie hörten gut zu. Plötzlich bekam Ronny ein dummes Gefühl. Er wusste nicht, woran es lag – vielleicht hatte er ein Geräusch gehört. Ein Spaziergänger, der nach seinem Hund pfiff? Der Wind, der plötzlich aufgefrischt war? Eine kräftige Bö zerrte gerade an seinem Pferdeschwanz. Der Junge hob den Kopf, sah sich um und dann den Hügel hinauf. Sein Körper erstarrte. Der Pritschenwagen, der oben am Hang gestanden hatte, bewegte sich, oder?! Ja, tatsächlich, wie von Geisterhand geschoben rollte er im Zeitlupentempo die Straße hinunter und entfernte sich dabei stetig vom Bordstein. Ronny stand noch still und versuchte zu begreifen. Sein Gehirn weigerte sich, den Informationen zu trauen, die seine Augen lieferten. Das war doch unmöglich! Er konnte genau durch die große Windschutzscheibe sehen: Es saß niemand am Steuer! Das Auto war führerlos und kam immer näher. Ronnys Gehirn protestierte weiter. Wie konnte das passieren? Er hatte doch genau gehört, wie Michael die Handbremse angezogen hatte. Oder? Verwirrt sah Ronny zu Anton, der immer noch beleidigt war und nun noch etwas weiter abseits und näher zum Rhein stand als der Rest der Truppe.

„M… Manchmal sind die Behinderten eben sauer", redete Onkel Anton vor sich hin.

Der Pritschenwagen hatte jetzt fast die Mitte der Straße erreicht. Plötzlich begriff Ronny: Das Auto fuhr genau auf Anton zu! Und es hatte ein Tempo erreicht, bei dem niemand es mehr aufhalten konnte. Wenn Anton nicht auf die Seite ging, würde ihn der Pritschenwagen auf seinem Weg in den Fluss überfahren.

„Anton!", schrie Ronny, dann rannte er los.

Rahels Onkel hob den Kopf und guckte böse in Ronnys Richtung, als wäre der Schuld, dass er immer noch kein Gras säen durfte. Er bemerkte den Pritschenwagen nicht und verstand nicht, welche Gefahr ihm drohte. Erst als der Wagen nur noch vier, fünf Meter entfernt war, sah er das Auto. Doch da war es zu spät für ihn, um richtig zu reagieren. Anton war zu überrascht und vor Schreck wie gelähmt. Mit weit aufgerissenen Augen starrte er den Pritschenwagen an. Da stieß ihn jemand zur Seite und stürzte mit ihm auf das Straßenpflaster. Nur haarscharf fuhr das führerlose Fahrzeug an den beiden Menschen vorbei und landete platschend im Rhein. Ronny hob den Kopf und sah dem Auto ungläubig nach. Glücklicherweise kam es nicht weit. Denn hier fiel das Ufer seicht ab, und unter der Wasseroberfläche lagen größere Steine im Weg. Vielleicht konnte Michael das Auto sogar rückwärts wieder herausfahren.

„Aua", sagte Anton und rührte sich nicht.

„Das war knapp", keuchte Ronny, der auf Anton gelandet war.

„Du ... Du bist schwer", meinte Anton grinsend. „G... geh runter."

Ronny warf einen prüfenden Blick auf Rahels Onkel und atmete auf. Er rollte sich zur Seite. Anton setzte sich hin und rieb sich den Ellbogen. Die anderen kamen angelaufen. Michael sah erschrocken auf sie herab. Als er sicher war, dass es seinen Schützlingen gut ging, entspannte er sich.

„Wie konnte das bloß passieren?", rief er und sah fragend zu dem Auto im Fluss, als wüsste es die Antwort.

„Am ... Berg ... muss ... man ... die ... Handbremse ... anziehen", sagte Andreas trocken, als wäre er Fahrlehrer.

„Wenn man da parkt", ergänzte Dirk.

Michael fuhr sich mit den Fingern durch die dünnen Haare.

„Aber das weiß ich doch, und das habe ich getan", versicherte er. „Ich bin mir total sicher, weil ich es immer kontrolliere, seit ..."

Ronny stand auf und klopfte sich die Hose aus. Dann zog er Onkel Anton hoch, der seinen Ellbogen betrachtete.

„I... Ich hab ein kleines Aua“, sagte er grinsend.

„Ich ... hole ... ein ... Pflaster“, bot Andreas an.

Langsam schlich er den Hügel hinauf zum Bulli. Anton trottete in demselben Tempo neben ihm her. So ruhig, als würde er täglich fast von einem Auto überfahren. Ronny dagegen lief mit Michael hinunter zum Fluss. Wortlos nahmen sie ihre Gummistiefel von der Ladefläche und stapften ins Wasser, um zur Fahrertür zu kommen. Ein Blick durch das Seitenfenster genügte: Die Handbremse war tatsächlich nicht angezogen. Michael konnte es nicht fassen.

„Das gibt es doch nicht“, stammelte er und strich sich wieder durch die Haare. Seine Hände zitterten. „Ich verstehe das nicht.“

„Äh, seit wann, meintest du, kontrollierst du die Handbremse immer?“, fragte Ronny den Sozialarbeiter.

„Seit ich es privat einmal vergessen habe und mir das Auto vor Nachbars Gartenzaun gerollt ist. Das war so teuer, das vergisst man nicht. Dachte ich jedenfalls bis gerade eben. Vielleicht werde ich doch vergesslich! Dieses Jahr werde ich fünfzig.“

„Oder es hat sie jemand gelöst“, stellte Ronny fest.

Er sah sich um, aber nirgendwo war ein Mensch zu sehen. Michael guckte nachdenklich auf seine Schützlinge, die am Ufer stehen geblieben waren. Dann schüttelte er den Kopf.

„Nur Andreas würde gerne Auto fahren. Er kennt alle Marken und Typen. Aber noch nie hat er es versucht, sich hinter das Steuer zu setzen, oder etwas bedient, ohne zu fragen. Und wer sonst sollte an unser Auto gehen?“

„Keine Ahnung. Aber ich versuche, das rauszukriegen“, versprach Ronny. Dabei guckte er so grimmig, dass Michael ihm jedes Wort glaubte.

# KAPITEL 11

## DU HAST DIE HAARE SCHÖN

Zwei Stunden später hatte sich Ronnys Laune erheblich gebessert. Vor einer halben Stunde war er mit Anton an der Zentrale der Detektei angekommen. Da Rahels Onkel Opas kleinen Trecker – einen roten Hanomac mit Namen Gerd – perfekt steuern konnte und den Weg zu ihrem roten Caritas-Bus im Schlaf kannte, war Ronny mit ihm hierhergefahren. Das war besser, als den ganzen Weg zu Fuß zu gehen. Ohne Fahrrad blieb ihm sonst nichts anders übrig. Außerdem konnten Anton und er zusammen bereits den kleinen Stromerzeuger an seinen neuen Bestimmungsort bringen. Eben hatten sie ihn vom Anhänger auf eine Schubkarre geladen und zu dem roten Bus hinübergerollt. Jetzt mussten die beiden den Generator nur noch mit vereinten Kräften wieder aus der Schubkarre heben und auf ein paar Gehwegplatten stellen, die Opa unter einer Tanne in der Nähe des Busses verlegt hatte. Anton murmelte vor sich hin und tastete nach einer guten Stelle zum Anfassen.

„Eins, zwei, der Herr ist treu“, kommandierte er dann ohne zu stottern, denn wenn er Liedtexte aufsagte, sprach er einwandfrei. Bei „treu“ hob er den Stromerzeuger an. Da Ronny das Lied nicht kannte, hatte er damit nicht gerechnet und nicht entsprechend reagiert. Der Generator kippte auf seine Seite und landete vor seiner Brust.

„Puh!", stieß Ronny hervor und ging etwas in die Knie. Ihm brach der Schweiß aus, als er nun nachzog und seine Seite hochstemmte. Das Ding war auch leer ganz schön schwer. Stöhnend half er Anton, den Stromerzeuger zur Seite zu tragen und sicher abzustellen. Dann wischte er sich über die Stirn.

„Du bist ganz schön stark", lobte er Rahels Onkel.

Anton lachte und spannte seinen Bizeps an.

„Mu... Muckis hab ich. Schöne Muckis. Hier."

Er krempelte die Ärmel seines Holzfällerhemdes hoch. Am Ellbogen prangte ein buntes Kinderpflaster. Es sah aus, als hätte Onkel Anton es selbst aufgeklebt.

„Schon gut, ich glaube es dir", sagte Ronny und wischte sich über die Stirn.

„Was glaubst du?", fragte Rahel.

Sie kam gerade über den kleinen Hügel, hinter dem der Bus etwas versteckt lag, und schob ihr Rad neben sich her. Silas und Sophia erschienen hinter ihr.

„Dass dein Onkel genug Muskeln hat."

„Hier!", sagte Anton und streckte Rahel seinen gekrümmten Ellbogen entgegen.

Seine Nichte lachte.

„Da sehe ich nur ein Pflaster", neckte sie ihn.

Onkel Anton wurde schlagartig ernst.

„D... Das ist von dem Lkw."

„Du bist mit einem Lkw zusammengestoßen?", zog Rahel ihren Onkel immer noch lachend auf. „Und du hast gewonnen?"

„Nein. N... Nur fast", sagte Anton immer noch ernst.

„Da ist dein Onkel über den Asphalt geschabt, als ...", setzte Ronny zu einer Erklärung an.

„A… Als Ronny hat mich geschubst hat“, ergänzte Anton.

Jetzt lachte Rahel nicht mehr. Sie sah Ronny fragend ins Gesicht.

„Was war los?“

„Hat Silas das nicht erzählt?“, fragte Ronny.

„Dazu bin ich noch nicht gekommen.“

Etwas außer Atem schob Silas sein Rad auf die anderen zu. Dann lehnte er es an den Stamm einer Tanne. Sophia lehnte ihr Zweirad daneben.

„Anton hat mir vorhin beim Essen genau erzählt, wie du ihn gerettet hast“, sagte Silas.

„Wie: gerettet?!“, fragte Rahel immer noch ahnungslos.

Während Silas das Drama vom Rheinufer für sie und Sophia kurz zusammenfasste, lächelte Ronny verlegen und ergänzte nur ein paar Details. Als er bemerkte, dass Rahels Augen feucht wurden, sah er schnell zu Boden.

„Also: danke!“, sagte Silas, als er fertig war.

„War nicht so wild“, meinte Ronny und starrte immer noch auf das Laub zu seinen Füßen.

„Nicht so wild?!“, fragte Silas und haute seinem Freund auf die Schulter. „Nicht so wild …“

Dann schwieg er, weil er wusste, dass Ronny es nicht mochte, wenn zu viel Getue um ihn gemacht wurde. „Unmöglich, dass es ein Versehen war?“, fragte er stattdessen.

„Was ist schon unmöglich?“ Ronny zuckte die Schultern. „Michael ist sich zwar eigentlich sicher, aber natürlich kann er sich irren.“

„Das glaubst du aber nicht?“, fragte Silas.

„Nein.“ Ronny schüttelte den Kopf. „Michael hat sofort gesagt, dass er immer nachschaut, ob die Handbremse angezogen ist, wenn er am Hang parkt. Außerdem meine ich, das typische Geräusch gehört zu haben, als er den Wagen abgestellt hat.“

„Aber dann wäre es ja Absicht von irgendjemandem gewesen. Er muss sich angeschlichen und die Handbremse gelöst haben, damit der Wagen losrollt. Wer sollte denn eurem Onkel etwas tun wollen?", schaltete sich Sophia jetzt ein.

„Das ist total verrückt. Ich kann mir nicht vorstellen, warum das jemand gemacht haben soll", rief Rahel. „Genau wie bei Caruso."

„Vielleicht aus Hass auf behinderte Menschen allgemein? Vielleicht war gar nicht Anton speziell gemeint?", schlug Silas vor.

„Das könnte natürlich sein", gab Ronny zu. „Auch wenn ich dann als Täter den Wagen in die andere Richtung gelenkt hätte. Da standen außer mir noch Andreas, Dirk, Michael und Klaus. Nee, ich fürchte, dass das Absicht war und Anton galt."

„Warum?", fragte Sophia.

„Da war doch dieser seltsame südländische Typ, von dem ich euch erzählt habe. Der, der vor Birgits Büro herumgelungert hat. Was, wenn der an den Einsatzlisten war? Er könnte gesehen haben, wann Onkel Anton eingeteilt ist, um mit den Gärtnergehilfen rauszufahren. Vielleicht war das sogar der Grund, warum er an die Listen gegangen ist."

Silas schluckte.

„Hm. Hast du sonst nichts gesehen?", fragte Rahel zweifelnd. „Ich meine, etwas Verdächtiges? Also, ohne weitere Beweise finde ich es unwahrscheinlich, dass es jemand auf Anton abgesehen hatte. Derjenige konnte das Auto ja gar nicht mehr lenken, wenn er nicht am Steuer saß."

„Ich sage ja nicht, dass er euern Onkel gleich umbringen wollte", antwortete Ronny leicht genervt, weil Rahel an seiner Theorie zweifelte. „Vielleicht wollte er ihm nur Angst machen. Ich gebe zu, er konnte nicht wissen, dass Anton gerade in dem Moment beleidigt ist und sich von der Truppe entfernt."

„Und auch nicht, dass er sich nicht mehr bewegt, wenn er einen Schreck bekommt“, ergänzte Silas.

„Du meinst echt, da hat es jemand auf Anton abgesehen?“, überlegte Sophia. „Aber dafür gibt es doch überhaupt kein Motiv. Oder?“

„Nein, genau wie bei Caruso“, erwiderte Rahel nachdenklich.

Ronny bekam große Augen.

„Natürlich! Da gibt es einen Zusammenhang!“, rief er verblüfft.

Rahel schüttelte hilflos den Kopf.

„Ich kann dir nicht mehr folgen.“

„Ich schon“, sagte Silas langsam. „Wer Caruso und Anton verletzt, der trifft ...?“

„Opa“, sagte Rahel, und ihr lief es eiskalt den Rücken herunter.

„Genau. Vielleicht hat er mal einen verhaftet, der sich jetzt an ihm rächen will.“

„*Comme c'est terrible!* Wie furchtbar“, hauchte Sophia.

„Dann werden wir euren Opa fragen müssen“, sagte Ronny. „Am besten gleich, wenn wir ihm seinen Trecker wiederbringen.“

Er grinste breit, obwohl dazu kein Anlass bestand.

„Oh, gratuliere“, sagte Rahel.

„Danke“, sagte Silas.

„Nicht dir, Bruderherz. Obwohl an deiner Theorie zu Opa etwas dran ist. Aber ich meine Ronny! Schau mal genau hin. Fällt dir nichts auf?“

Silas riss die Augen auf und guckte an Ronny rauf und runter.

„Nee?!“

„Er ist seine Zahnspange los“, erklärte Sophia.

Silas schlug sich vor die Stirn.

„Tatsächlich! Oh Mann, und ich habe nichts gemerkt. Sorry. Seit wann?“

„Seit ich heute beim Kieferorthopäden war.“

„Sieht schön aus“, lobte Silas seinen Freund.

„Danke“, sagte Ronny und übertrieb das Grinsen noch mehr, damit auch alle seine perfekten Beißer bewundern konnten.

„Du hast die Zähne schön, du hast die Zähne schön“, sang Onkel Anton. „Du hast, du hast die Zähne schön! D… Das singen die Dortmund Fans“, behauptete er dann.

Die Teenager lachten.

„‚Du hast die Haare schön‘, heißt das“, erklärte Sophia.

„D… du auch“, sagte Onkel Anton und zeigte mit dem Finger auf Sophia. „D… Du hast auch die Haare schön!“

„Danke“, sagte Sophia lachend.

„Bittesööön.“

Anton drehte sich um und ging zu seinem Trecker. Dann kam er mit einem Zehn-Liter-Benzinkanister auf der Schulter wieder zurück. Er setzte ihn auf der kleinen Plattform ab und öffnete ihn. Silas schraubte den Tankdeckel des Stromerzeugers ab, und Rahel holte einen Trichter aus dem Bus. Gekonnt füllte Onkel Anton den Treibstoff in den Generator und schraubte den Tank sorgfältig wieder zu. Dann schaltete er das Gerät ein, öffnete den Benzinhahn und nahm einen kleinen schwarzen Plastikgriff in die Hand. Er versuchte, das Gerät zu starten, indem er kräftig und ruckartig an dem Griff zog. Eine Schnur kam zum Vorschein, die direkt in den Motor zu führen schien. Sie glitt zurück, als Anton nachgab. Sonst geschah nichts. Rahel seufzte und ließ sich ins Laub fallen.

„Oh weh. Opa hat uns schon vorgewarnt. Kann sein, dass wir öfter ziehen müssen. Ist ein altes Ding.“

„I… Ich schaff das“, sagte Anton und zog noch einmal an dem Seilzugstarter, diesmal schneller. Dann versuchte er es ein drittes Mal. Endlich sprang der Generator an. Stotternd und protestierend, aber dann lief er schnell rund. Sophia hielt sich die Ohren zu.

„Boah, ist das laut!“, beschwerte sie sich. „Und es stinkt!“

„Das muss so“, sagte Rahel.

Sie sah nach dem Kabel, das Ronny von dem Generator in den Bus verlegt hatte. Dort würde es einen kleinen Heizlüfter mit ausreichend Strom versorgen.

„M... Mein Pflaster is ab“, sagte Anton und blickte betrübt auf seinen Ellbogen. „K... Krieg ich ein neues?“

Silas warf einen Blick auf die Wunde.

„Na ja, nötig ist es eigentlich nicht“, meinte er. „Aber komm mit. Weil wir im Wald sind, mach ich dir eins drauf, das besser hält.“

Gehorsam folgte Anton seinem Neffen zum Bus, in dem sie das Verbandszeug aufbewahrten. Doch als Silas den Erste-Hilfe-Kasten in die Hand nahm und ihn öffnete, sah er auf den ersten Blick, dass etwas fehlte.

„He“, rief er den anderen vom Bus aus zu. „War einer von euch hier dran?“

„Nein“, rief Rahel zurück, und auch Ronny und Sophia schüttelten den Kopf.

„Komisch“, murmelte Silas und kontrollierte den Inhalt genau, ehe er seinem Onkel ein Pflaster zurechtschnitt. Die anderen waren mittlerweile nähergekommen.

„Was ist denn? Fehlt was?“, fragte Sophia.

„Jemand hat das Dreieckstuch und die meisten Verbände herausgenommen“, antwortete Silas.

„Wie denn? Wir schließen doch immer ab. Oder hast du das etwa vergessen, Silas?“, brauste Rahel auf.

„Nein“, antwortete Ronny. „Anton hat es gestern vergessen. Er war kurz hier, um den Lüfter und das Kabel zu bringen. Wir haben es gerade erst bemerkt, als wir mit dem Generator ankamen.“

„K… Kann doch mal passieren“, meinte Anton, guckte aber trotzdem schuldbewusst.

„Vielleicht hat einer von Opas Jagdfreunden sich verletzt und wusste, dass wir was hier haben?“, überlegte Sophia.

„Dann muss er aber eine ziemlich große Verletzung gehabt haben“, meinte Silas.

„Noch eine Frage für euren Opa“, stellte Sophia fest.

„Jawohl. Der Gedanke, dass hier jemand herumschnüffelt, gefällt mir allerdings gar nicht“, sagte Ronny.

„Heute schließe ich richtig ab“, versprach Rahel. „Und beim nächsten Mal bringen wir Caruso mit. Wenn einer hier war, dann findet er die Fährte.“

# KAPITEL 12

## SEID VOLLKOMMEN

„Frau Blühdorn, ist es möglich, herauszufinden, auf welchem Rechner hier im Gebäude ein bestimmtes Schriftstück verfasst wurde?"

Aufrecht stand Paul Schmickler vor dem Schreibtisch seiner Sekretärin. Der Morgen war noch jung, und gestern war er allein mit seinem Problem nicht weitergekommen. Auch mit seinem Vater hatte er noch kein ruhiges Wort wechseln können. Dabei eilte die Sache mit Anton. Überrascht sah Frau Blühdorn auf. Ihre rechte Hand griff nach dem Gestell ihrer großen Hornbrille und rückte es zurecht.

„Nein", antwortete sie überzeugt. „Die einzelnen Computer sind alle mit einem persönlichen Passwort gesichert. Es gibt keinen Zugriff von außen, nicht für uns Sekretärinnen und auch für niemanden sonst. Sie müssten zu jedem einzelnen Büro bzw. dem Rechner darin Zugang und dazu das passende Passwort haben. Dann könnten Sie nach dem Dokument suchen lassen."

Sie sah ihn so verwirrt an, als hätte er ernsthaft nach der Adresse des Weihnachtsmannes gefragt.

„Gibt es eine andere Möglichkeit, den Verfasser einer Nachricht zu ermitteln?", fragte der Rechtsanwalt.

„Sie meinen von einem Kollegen, der hier im Gebäude sitzt?"

Noch einmal ruckelte Frau Blühdorn nervös an ihrer Brille.

Herr Schmickler nickte. Die Sekretärin überlegte eine Weile. Dann zuckte sie mit den Schultern.

„Vielleicht, wenn sie ausgedruckt wurde", schlug sie vor. „Auf einem der Etagendrucker."

Herr Schmickler beugte sich aufgeregt vor.

„Ja? Tatsächlich? Wie wäre das möglich?", fragte er.

„Nun, die letzten dreihundert ausgedruckten Dokumente werden auf dem Display der Drucker gespeichert."

Ein Grinsen zog über Herrn Schmicklers Gesicht. Das war tatsächlich eine Chance. Er wusste aus Erfahrung, dass die meisten Kriminellen genügend dumme Fehler machten.

„Wie kommt man an die Aufstellung?"

„Sie gehen auf ‚Menü', dann auf ‚Druckaufträge', scrollen runter, und wenn Sie dann das Dokument gefunden haben, gehen Sie auf ‚Details'. Dann sieht man den Absender."

„Hat man keine Möglichkeit, das Dokument zu löschen?"

Frau Blühdorn schüttelte den Kopf. Sie errötete leicht, denn das hatte sie selbst einmal vergeblich versucht, nachdem sie ein privates Dokument ausgedruckt hatte. Einmal und nie wieder, hatte sie sich geschworen.

„Sie sind ein Engel!", sagte der Rechtsanwalt und verließ das Büro.

Seine Sekretärin starrte ihm nach. Dann nahm sie die Brille ab und begann sie zu putzen, obwohl sie sauber war.

„Glaubst du, Nora kommt heute Abend wirklich zum Teenkreis?", fragte Sophia Rahel und biss in ihre Karotte.

Heute waren die Mädchen nur zu zweit auf dem Schulhof. Ronny traf sich in dieser Pause mit seiner Informatik-AG und hatte Silas kurzerhand dazu mitgeschleppt. Während sie vorbildlich mit geschlossenem Mund kaute und auf Rahels Antwort wartete, schielte Sophia zu Nora. Rahel öffnete ihre Brotdose. Sie warf ebenfalls einen kurzen Blick auf Nicks Ex-Freundin. Etwa zwanzig Meter entfernt lehnte sie wie ein Mannequin am Geländer der Brehl und ließ ihre langen Locken im Wind flattern. Dabei starrte sie auffällig unauffällig auf ihr Handy. Ab und zu tippte sie etwas und lachte vor sich hin.

„Sieht aus, als wollte sie um jeden Preis beschäftigt wirken. Aber ich glaube, sie fühlt sich im Moment ziemlich allein und will nicht, dass wir es merken", antwortete Rahel und wickelte ihr Butterbrot aus. „Mhm. Lecker. Mit Salat und Remoulade."

Rahel biss in ihr Butterbrot.

„Meinst du wirklich? Sie ist perfekt angezogen und geschminkt wie immer", sagte Sophia. „Keine verheulten Augen oder so ..."

„Klamotten und Schminke sind kein Ersatz für eine Beziehung", verkündete Rahel weise und mit vollem Mund.

Ihre Freundin lachte.

„Sprichst du aus Erfahrung?", neckte sie Silas' Schwester. Sie wusste genau, dass Rahel keinen Wert auf allzu modische Kleidung legte und sich nur selten schminkte. Beides war ihr einfach zu lästig. Sie mochte es bequem und sportlich.

„Ich bin zufrieden mit meinen Beziehungen", antwortete Rahel mit einem Schmunzeln. „Es reicht, wenn meine Freundin immer hübsch, sauber und ordentlich ist."

Sophia wurde etwas rot.

„So ein Quatsch", widersprach sie.

„Ach, komm, steh dazu, dass du immer vollkommen bist", sagte Rahel und nahm noch einen großen Happen von ihrem Butterbrot.

„Das bin ich ganz und gar nicht", protestierte Sophia. „Das ist es ja gerade."

Rahel hörte auf zu kauen.

„Waff?!", fragte sie.

„Der Vers bei euch unten im Flur nervt mich, weil ich eben nicht vollkommen bin."

Rahel würgte einen Brotklops hinunter.

„Du denkst immer noch über den Bibelvers nach?", fragte sie verblüfft.

Sophia nickte und regte sich dann auf.

„Ich verstehe einfach nicht, wie Jesus so etwas verlangen kann, und noch weniger, warum man sich das aufhängt."

Rahel überlegte kurz.

„Da fragen wir doch am besten den, der das Bild an die Wand genagelt hat, oder?"

„Deinen Vater?"

Rahel kicherte.

„Wenn Papa einen Nagel in die Wand schlägt, trifft er garantiert seinen Daumen. Nee, so was machen Mama oder Opa." Rahel biss wieder in ihr Brot. „Oder iff", schmatzte sie.

„Boah, Rahel! Mach doch den Mund leer, bevor du was sagst. Oder beiß nachher ab", beschwerte sich Sophia.

„Forry", sagte Rahel und hielt sich immerhin die Hand vor den Mund.

Sophia wartete, bis Rahel zu Ende gekaut hatte.

„Meinst du, deine Mama will darüber reden?", fragte Sophia.

Rahel nickte heftig.

„Aber so was von! Nur müssen wir erst dieses dämliche Referat hinter uns bringen", stöhnte sie. „Ach so …" Rahel bückte sich und kramte in ihrem Ranzen. „Hier ist übrigens die Liste aller Unternehmen in Deutschland, die diese Chemikalie hergestellt haben, die Caruso vergiftet hat, dieses Gluxiphat. Papa hat sie mir gestern Abend gegeben und Grüße von Frau Samsone an uns bestellt."

„Danke“, sagte Sophia, griff nach dem Papier und überflog die Namen. „Kurze Liste.“

„Ja. Deshalb war Opa sich auch sofort sicher, dass er niemanden kennt, der bei einem dieser Unternehmen gearbeitet hat. Also, jedenfalls niemanden, der sauer auf ihn sein könnte. Mit der Chemieindustrie hatte er rein gar nichts zu tun. Meistens hat er im Dienst nur Ladendiebe oder Verkehrssünder geschnappt. Von denen kam fast keiner ins Gefängnis. Nur zweimal hat Opa größere Verbrecher festgenommen, und ausgerechnet die beiden sind schon gestorben. Deswegen glaubt Opa nicht, dass es jemanden gibt, der ihn genug hasst, um Caruso oder Anton etwas anzutun.“

„Also fangen wir wieder von vorne an“, seufzte Sophia und gab Rahel die Liste zurück.

„Du sagst es.“

Als es zum Unterrichtsbeginn klingelte, marschierte Nora erhobenen Hauptes an ihnen vorbei.

„Ich weiß genau, dass ihr über mich gesprochen habt!“, zischte sie. „Aber es macht mir nichts aus. Ich komme trotzdem heute Abend in euren seltsamen Club. Und wenn es nur ist, um euch zu ärgern. Wann geht es los?“

Rahel verschluckte sich an ihrem letzten Brotbissen und fing so furchtbar an zu husten, dass sie keine Antwort geben konnte. Ihr Kopf wurde vor Luftnot so rot wie eine Tomate. Hilfsbereit klopfte Sophia ihr auf den Rücken.

„Um achtzehn Uhr“, antwortete sie Nora. „Wir haben nicht schlecht über dich geredet, und wir freuen uns auf dich.“

„Klar, das glaube ich sofort“, sagte Nora und verzog spöttisch die Mundwinkel.

Doch in ihrer Stimme schwang ein bisschen Hoffnung mit, dass Sophia die Wahrheit sagte.

Ronnys Atem ging schnell, als er über den Hügel kam. Nach dem Telefonat mit seinem Vater hatte er dringend frische Luft gebraucht und war den ganzen langen Weg von Burgenach hierher zur Zentrale gejoggt. Jetzt war er fast da. Den Teenkreis würde er verpassen, aber das war ihm ausnahmsweise egal. Er war einfach zu aufgewühlt und wollte allein sein. Das große Lunchpaket, das seine Mutter ihm gepackt hatte, trug er im Rucksack bei sich. Den Autoschlüssel hatte er unterwegs bei Schmicklers abgeholt und in der Tasche seiner Windjacke verstaut.

Unglaublich! Sein Vater hatte doch tatsächlich den Nerv gehabt, ihn nach Geld zu fragen! Selbst, wenn er welches gehabt hätte, hätte Ronny es ihm niemals gegeben, aus Angst, dass er nur weiteren Alkohol davon kaufen würde. Dazu hatten Mama und er es immer schwer genug gehabt, weil sein Vater die beiden nie wirklich finanziell unterstützt hatte. Zur Krönung hatte sein Vater ihn einen Lügner genannt und aufgelegt. Immer noch wütend über den ungerechten Vorwurf blieb Ronny kurz stehen. Er zog den Autoschlüssel hervor und sah von oben auf den alten Caritas-Bus herab.

Plötzlich stutzte der Junge. Da stimmte doch etwas nicht! Die hinteren Autoscheiben waren leicht beschlagen, so als säße jemand schon länger in dem Bus, ohne richtig zu lüften. Er reckte den Kopf, konnte aber niemanden sehen. Wer sollte das auch sein? Sophia hatte er gerade noch bei Silas und Rahel zu Hause gesehen. Anton war um diese Zeit noch in der Werkstatt. Vielleicht hatte es in den alten Bus geregnet, und in der Wärme des Tages verdunstete das Wasser?

Langsam ging Ronny näher. Dann verschwand er plötzlich hinter einen Baumstamm und schob den Busschlüssel zurück in seine Windjacke. Er brauchte ihn nicht mehr. Er würde heute auch ohne Schlüssel in den Wagen kommen, denn die Glasscheibe an der Fahrertür war eingeschlagen!

Ein faustgroßer Stein lag vor der Tür auf dem Boden. Wahrscheinlich hatte der Täter ihn benutzt. Vielleicht war er sogar in den Bus eingebrochen?! Und was, wenn er noch da war!?

Vorsichtig und auf alles gefasst beobachtete Ronny den Bus aus seinem Versteck heraus. Aber es blieb still. Also entschloss er sich, weiter zu schleichen. Seine Füße tasteten sich über das Laub, bemüht, auf keinen trockenen Ast zu treten. Nahezu lautlos und immer auf der Hut huschte der Teenager gebückt von Busch zu Busch. Falls sich der ungebetene Gast auf die grauen Polster schlafen gelegt hatte, würde Ronny ihn erst zu sehen bekommen, wenn er einen Blick durch die Fenster werfen konnte. Er spürte sein Herz klopfen und hörte es in den Ohren schlagen. Seine Augen achteten auf jede Kleinigkeit. Er roch seinen eigenen Schweiß, der langsam trocknete.

Plötzlich stieg erneut Wut in ihm hoch. Wer war so gemein und schmiss eine Fensterscheibe ihrer Zentrale ein? Klaute er womöglich ihre Sachen oder bediente sich an ihren Vorräten? Wer hatte sich ohne ihre Erlaubnis diesen warmen und trockenen Platz zum Schlafen gesucht? Ein paar andere Jugendliche? Ronny hielt noch einmal an und überlegte. Von denen, die die gleiche Schule besuchten, kam eigentlich niemand infrage. Sie hatten ihren Detektei-Treffpunkt immer geheim gehalten. Dann vielleicht ein Obdachloser, der einmal ein Dach über dem Kopf haben wollte? Die waren meist harmlos. Ronny machte ein paar weitere Schritte. Jetzt hatte er den Bus fast erreicht. Wenn er sich aufrichtete, würde er durch die Fensterscheibe in den Innenraum sehen können. Trotzdem blieb er noch gebückt und lauschte. Doch nur der Wind wehte durch die blattlosen Bäume. Die Vögel zwitscherten, und direkt neben Ronnys linkem Fuß raschelte eine Maus durch das Laub.

*Eins, zwei, drei,* zählte Ronny in Gedanken und schmunzelte kurz, weil er an Onkel Antons Liedtext denken musste.

Dann schob er sich in die Höhe. Jede Muskelfaser war darauf gefasst zu flüchten, sollte das nötig sein. Doch sobald Ronny in den Fahrgastraum des Busses sah, entspannte er sich. Von diesem Menschen, der da auf den Polstern lag, ging sicher im Moment keine Gefahr aus, denn er schlief tief und fest.

Ohne Eile betrachtete der Junge den Schlafenden. Der Mann war blond und schlank, soweit man das unter der Decke sehen konnte, denn nur der untere Teil seiner Beine guckte hervor. Die schwarze Jeans und auch die dunklen Turnschuhe hatte der Mann angelassen, als er sich auf das Polster gelegt hatte. *Für einen Obdachlosen ist er zu sauber und zu jung,* dachte Ronny sofort. *Obwohl es sicher auch junge Männer gibt, die auf der Straße leben.*

Er sah gut aus, obwohl ihm die etwas längeren Haare unordentlich und verschwitzt in die Augen hingen. Offensichtlich hatte er sich selbst versorgt, denn auf dem kleinen Klapptisch, den Rahels Opa ihnen in den Bus gebaut hatte, lag eine aufgerissene Tüte mit Salzstangen. Daneben stand eine geöffnete, fast leere Limonadenflasche. Ronny war so groß, dass er mühelos auch bis zum Boden des Innenraumes sehen konnte. Dort unten lag Rahels Ordner, in dem sie die Unterlagen zu ihren gelösten Fällen aufbewahrte. Er war aufgeschlagen, und Ronny konnte die Bilder der aufgesprengten Geldautomaten recht gut erkennen.

*Er interessiert sich für unsere Arbeit,* wunderte sich Ronny und sah dem Mann gründlicher ins Gesicht. Er war blass. Dunkle Schatten lagen unter seinen Augen. Seine Atmung ging flach und schnell. Ab und zu zuckten Brauen und Lippen im Schlaf. Dann sah es aus, als würde der Typ die Zähne aufeinanderbeißen. Hatte er Schmerzen? Auch jetzt flatterten seine Augenlider. Der Mann bewegte sich. Durch das zerstörte Fenster hörte Ronny sein Stöhnen. *Yepp, er ist krank,* dachte er. Der Mann zog einen Arm unter der Decke hervor und legte ihn neben sich.

Ronnys Augen weiteten sich. Nicht, weil der Arm so muskulös war wie der eines Sportlers. Nein, was Ronny erschreckte, war die Hand, die zu dem Arm gehörte. Sie sah aus wie mit rostbrauner Farbe beschmiert. Die Hand war blutig!

Hannah Schmickler saß nachdenklich vor ihrer Tasse Ingwertee. Rahel und Sophia sahen sich an und nippten an ihrem Kakao.

„Lecker, die Kekse!“, sagte Rahel und nahm sich noch eins von den selbst gebackenen Heidesandplätzchen, die Mama auf den Tisch gestellt hatte. Eigentlich backte sie Papas Lieblingskekse nur in der Adventszeit, aber irgendwie gab es wohl einen Grund zu einer Ausnahme. Rahel beschloss, das nicht infrage zu stellen, sondern es zu genießen.

„Also“, meinte Mama. „Eigentlich ist das ganz einfach mit der Vollkommenheit.“

„Eigentlich?“, fragte Rahel. „Und uneigentlich?“

„Eigentlich ist es einfach, denn Jesus spricht hier nicht von unserer Vollkommenheit. Er weiß natürlich, dass wir nicht perfekt sind, wie du schon richtig erkannt hast, Sophia.“

„Da bin ich ja froh“, sagte Sophia, guckte aber ernst.

„Und es geht auch nicht darum, dass wir keine Fehler machen dürfen. Gott gibt uns Zeit zum Lernen, wie jeder gute Lehrer. Er korrigiert uns gerne.“

„Worum geht es dann?“, fragte Rahel. „Er sagt doch: Seid vollkommen.“

„Ja, genau. Und diese Aufforderung erinnert mich täglich daran, dass ich es eben nicht bin, dass es aber genau einen Menschen gab, der perfekt war.“

„Jesus“, sagte Rahel und grinste. „Die Antwort passt immer.“

„Und sie ist auch diesmal richtig“, sagte Mama und lachte. Dann wurde sie wieder nachdenklich. „So seltsam das vielleicht für euch klingt: Diese unmögliche Forderung erinnert mich an Gottes Maßstab und daran, dass ich es aus eigener Kraft nicht schaffe, diesem Maßstab gerecht zu werden. Wenn Gott nur gesagt hätte, dass wir gut sein sollen, würden wir uns schnell einbilden, dass er eigentlich ganz zufrieden mit uns sein kann, oder? Jedenfalls wenn wir ein normales Leben leben und uns um andere kümmern."

„Wenn wir unseren Nächsten lieben?", fragte Rahel.

„So kann man es auch sagen. Ihn lieben oder ihm Gutes tun. Dabei bestimmen wir gerne selbst, wie weit wir mit dem Guten gehen und wann Schluss ist. Schwieriger wird es, wenn Gott fordert, dass wir auch unsere Feinde lieben sollen oder die, die uns etwas wirklich Schlimmes zugefügt haben. Spätestens da stoßen wir auch nach unserem Maßstab an unsere Grenzen."

Sophia wurde unruhig. Genau das hatte sie selbst schon gemerkt.

„Dann verlangt Gott also etwas von uns, was wir gar nicht erfüllen können?", fragte sie, und ihre ärgerliche Verwirrung war ihr deutlich anzusehen.

„Nein, nein, Sophia", beruhigte Frau Schmickler sie. „Es gibt natürlich eine Möglichkeit, das zu erfüllen."

„Jesus?", warf Rahel ein und grinste.

„Genau." Ihre Mutter lächelte. „Wir können uns von Jesus perfekt machen lassen, Sophia. Stell dir vor, deine eigenen Bemühungen, in Gottes Augen perfekt zu sein, wären wie ein Kleid, das du anhast."

„Ein ziemlich schmutziges?", fragte Sophia. Sie verstand nur zu gut.

„Genau", sagte Frau Schmickler lächelnd. „Wenn du ehrlich bist, kannst du es waschen oder flicken, wie du willst. Es gibt immer neue Flecken und Löcher."

Sophia nickte.

„Da ist was dran", gab sie zu.

„Jesus dagegen hätte ein perfektes Kleid, tadellos und wie gerade frisch genäht, oder? Denn er hat ja Gottes Willen vollkommen gelebt und erfüllt."

Sophia nicke wieder. Das glaubte sie auch.

„Wenn er dir jetzt dieses Kleid schenken wollte, dann müsstest du es nur annehmen und anziehen."

„Und dann wäre ich so vollkommen wie er?", fragte Sophia kritisch. „Das klingt mir irgendwie zu einfach."

In der Kirche hatte sie meistens etwas anderes gehört.

„Ja, ich gebe zu, das klingt einfach, und diese gute Botschaft ist auch einfach." Frau Schmickler zögerte, bevor sie weitersprach. „Auf der einen Seite. Aber auf der anderen ist es auch schwierig."

„Echt?!"

Jetzt guckte Rahel kritisch.

„Ja, es ist schwierig zuzugeben, dass man selbst nicht gut genug ist. Nicht besser als der Nachbar oder der Bruder, die Schwester, die nervige Klassenkameradin. Jedenfalls nicht in Gottes Augen. Denn da ist uns unser Stolz im Weg. Und der ist umso größer, je besser man sich selbst findet. Im Vergleich mit einem ... sagen wir vielleicht Automatenknacker schneiden wir ja ganz gut ab, denken wir gerne."

„Ach, das meinst du."

Rahel hatte verstanden.

„Ja", sagte Mama nickend und lächelte. Sie nahm einen Schluck Ingwertee und verzog das Gesicht. „Huh, ist scharf geworden", erklärte sie und schnappte nach Luft.

„Wir sind also vollkommen, indem wir uns auf die Vollkommenheit von Jesus verlassen anstatt auf unsere eigene", fasste Rahel zusammen.

„Ja, das ist ja jetzt klar", sagte Sophia und klang etwas ungeduldig. „Aber trotzdem hat Gott uns doch auch Gebote gegeben. Was ist denn damit? Es kann mir doch keiner erzählen, dass er nicht von uns erwartet, dass wir sie halten."

„Oh, natürlich sollen wir die Gebote halten. Und man kann auch eine ganze Menge Gutes tun, Sophia. Aber man tut es dann aus Dankbarkeit und nicht, weil man sich damit etwas verdienen will. Man weiß, dass man eigentlich nichts verdient hat", erklärte Mama.

„Und wenn man es einfach nicht schafft, das Gute zu tun? Wenn die Gedanken immer noch böse sind? Oder man faul und bequem ist?", fragte Sophia.

„Dann ist er geduldig mit uns", sagte Hannah Schmickler lächelnd. „Und wir bleiben dennoch seine geliebten Kinder. Er vergibt, und wir fangen neu an."

Sophia wünschte, sie könnte sich da so sicher sein wie Rahel und ihre Mutter. Das würde das Leben irgendwie ein bisschen einfacher machen. Jedenfalls, wenn man versuchte, seine Feinde zu lieben.

„Ich denke drüber nach", sagte sie in das Schweigen.

# KAPITEL 13

## DER SELTSAME FREMDE

Wie er so dalag, wirkte der Fremde harmlos, doch Ronny war dennoch auf der Hut. Auch der beste Eindruck konnte täuschen. Selbst wenn der Mann tatsächlich verletzt sein sollte, konnte er unter der Decke eine Waffe verstecken. Vorsichtig zog Ronny sein Smartphone aus der Hosentasche und schoss ein Foto von dem Schlafenden. Dabei achtete er sorgsam darauf, dass kein Schatten auf das Gesicht des Mannes fiel und er dadurch womöglich geweckt wurde. Dann packte er das Handy weg.

Langsam nahm Ronny wieder seine gebückte Haltung ein und stützte sich auf die Oberschenkel. Was sollte er bloß tun? Silas anrufen oder warten, bis der Mann aufwachte und er ihm ein paar Fragen stellen konnte? Oder sich einfach zurückziehen? Ronny konnte sich nicht entscheiden.

Wie kam der Mann eigentlich hierher? Was hatte er hier zu suchen? Wie ein Waldarbeiter sah er auch nicht aus. Die Kleidung passte nicht. Er trug normale Straßenklamotten. Also ein Wanderer? Wohl kaum, denn wenn man sich im Wald verletzte, würde man dort ja nicht übernachten wollen, sondern mit dem Handy Hilfe holen. Gut, vielleicht war der Mann noch gar nicht so lange da. Aber was gab es für einen

Wanderer für einen Grund, hier darauf zu warten, dass es ihm besser ging? Mit einer blutenden Wunde …? Keinen. Nein, Grund, einen Arzt zu meiden, hatte man nur, wenn man ein schlechtes Gewissen hatte. Wenn es die Art von Verletzung war, bei der ein Arzt sofort Verdacht schöpfen würde, dass etwas Illegales im Gang war: eine Schuss- oder eine Stichwunde. So etwas mussten die Ärzte melden, soweit er wusste.

Plötzlich fiel es Ronny wie Schuppen von den Augen! Warum war er bloß nicht eher darauf gekommen. Nur so passte alles zusammen! Der gesprengte Geldautomat in Huppingen! Der Ort lag nicht weit von hier entfernt, höchstens eineinhalb Kilometer Luftlinie. Die scharfkantigen Metallstücke, die auf dem Boden gelegen hatten. Eins davon war blutig gewesen! Irgendjemand hatte sich bei dem Anschlag verletzt. Wie hatte der Polizist neulich nach dem Anschlag in Brehl gesagt? Bei den selbst gebastelten Sprengsätzen ließ sich die Wucht der Explosion schlechter vorhersehen als bei der Einleitung von Gasen. Da konnte leicht etwas schiefgehen. Vielleicht war der Mann in Panik geraten und weggerannt oder nicht schnell genug am Fluchtauto gewesen und musste deshalb zu Fuß flüchten. Von Huppingen aus konnte er gut quer durch den Wald und berghoch gelaufen sein. Darauf war die Polizei natürlich nicht gekommen, weil sich die Täter immer möglichst schnell weit vom Tatort entfernten. Es hatte keine sicheren Anzeichen dafür gegeben, dass einer der Täter noch in der Nähe war. Dieses Versteck hier unter den Tannen war ein unverhoffter Glücksfall für den geflüchteten Panzerknacker: ein Hotel mitten im Wald. Sogar mit fließendem Wasser aus dem Kanister. Ronny nickte grimmig. So ein Typ, der halbe Häuser in die Luft sprengte, hatte wohl kaum Skrupel, eine Fensterscheibe einzuschmeißen …

Vor lauter Aufregung atmete Ronny wieder schneller. Was für ein Schlamassel! Sie hatten sich raushalten wollen, und nun lief ihm der Täter quasi vor die Füße. Direkt vor seinen Augen und zum Greifen nah lag die Riesenchance, eine ganze Serie von Anschlägen aufzuklären! Vorausgesetzt, die Polizei wäre schnell genug hier. Ronny beschloss, sich unbemerkt auf den Hügel zurückzuziehen und von dort die Beamten über den Notruf zu informieren, bevor sich der Verdächtige aus dem Staub machte. Gedacht, getan. Langsam setzte er einen Fuß zurück ... und trat prompt auf ein Ästchen. Ein etwas dickeres Ästchen. Es knackte ziemlich laut unter seiner Sohle. Ronny erschrak und erstarrte.

*Na super!,* dachte er, *ich habe ihn aufgeweckt.* Dann hörte er den Mann auch schon husten. Der Bus wackelte ganz leicht, so als würde der Fremde sich umdrehen oder versuchen, sich aufzurichten. Der Junge stand weiter wie am Waldboden festgeklebt. Am liebsten wäre er weggerannt, aber er wagte es nicht, den Fuß von dem Ast zu nehmen. Vielleicht blieb er unentdeckt.

Aus dem Bus kam jetzt ein Schwall Wörter, die wütend klangen, obwohl Ronny die Sprache nicht sofort erkannte. Sie gingen in ein erneutes Husten über, dann folgte ein Stöhnen.

Anscheinend schaffte der Mann es nicht, sich hinzusetzen. Wieder schimpfte der Fremde. Die Stimme klang jetzt leiser und schwächer. Ronny entspannte sich. Auch die Sprache erkannte er nun. Das war Holländisch! Natürlich. Dazu passten auch das blonde Haar und die helle Haut, jedenfalls in diesem Fall. Der Mann kam aus den Niederlanden. Rahels und Silas' Theorie von dem Autokennzeichen und dem Mietwagen stimmte. Und so wie es aussah, konnte der Typ weder weg- noch ihm hinterherlaufen. Plötzlich fühlte Ronny sich überlegen. Neugier und Ehrgeiz siegten über seinen Verstand.

Er traf seine Entscheidung und trat aufrecht an die Fensterscheibe.

Der Mann hatte sich nur leicht aufgerichtet und stützte sich auf seine Ellbogen. Als er Ronny sah, zuckte er zusammen und sackte stöhnend zurück auf das Polster.

„Brauchen Sie Hilfe?“, fragte Ronny, obwohl er die Antwort schon wusste.

„Hallo, Nora!“, begrüßte der Pastor der SEGE das hübsche Mädchen. „Sophia und Rahel haben mir schon erzählt, dass du heute mal vorbeischauen wolltest. Herzlich willkommen, und fühl dich ganz wie zu Hause.“

„Danke“, sagte Nora knapp und ungewohnt schüchtern.

Ihre Mähne hatte sie zu einem Pferdeschwanz zusammengebunden, und sie trug ein bisschen weniger Farbe im Gesicht als sonst. Die Bemerkung über ihr Zuhause, die ihr auf der Zunge lag, schluckte sie herunter. Sie hoffte, dass sie sich hier wohler fühlte.

„D… du hast die Haare schön“, sagte Onkel Anton und grinste die Besucherin an.

Nora grinste zurück. Ach ja, der komische Onkel der Schmicklers. Sie hatte ihn schon öfter bemerkt, wenn sie zur Gesangsstunde auf den Hof kam. Werner trat zur Seite, um dem Gast Platz zu machen. Dann ging er in die Teeküche, in der der Wasserkocher brodelte. Nora sah sich flüchtig um und entdeckte Rahel und Sophia, die sich vom Sofa erhoben hatten und auf sie zukamen.

„Hi. Wo steckt denn Ronny?“, fragte sie die beiden.

„D… Der is im Wald“, gab Onkel Anton Auskunft.

Rahel guckte auf die Uhr in der Teeküche. Es war punkt achtzehn Uhr.

„Ich glaube, jetzt nicht mehr. Der kommt bestimmt jeden Augenblick“, antwortete sie.

„Oder er hat heute keine Lust“, sagte ein Mädchen, das sich zwischen Rahel und Sophia drängte. Sie trug ihr mittelblondes, glattes Haar auf Kinnlänge gekürzt. Ihre grünen Augen leuchteten fröhlich. „Ich bin Dorkas. Schön, dass du da bist, Nora."

„Danke", sagte Nora.

Vom Sofa winkte ein rotgelockter, dünner Junge.

„Samuel", erklärte Sophia. „Silas kennst du ja."

Silas nickte nur stumm in Noras Richtung. Er packte gerade seine Klarinette aus und setzte sie zusammen.

„Ronny wollte heute Abend kommen, Dorkas", stellte Rahel klar. „Jedenfalls hat er das heute Morgen in der Schule noch gesagt."

„Wir können ja so lange singen, bis er kommt", meinte Dorkas und ging zum Sofa.

Sie griff nach einer Gitarre, die an der Wand lehnte, und begann, sie zu stimmen. Werner sah um die Ecke.

„Bin gleich so weit", versprach er. „Wenn wir unseren neuen Jugendraum fertig haben, beantrage ich beim Gemeindevorstand ein Klavier."

„Und ein Schlagzeug", verlangte Samuel. „Gibt es da eigentlich Neuigkeiten?"

Er nahm Liederbücher aus einem Regal. Nora bemerkte den Berg Bibeln, der auf dem Couchtisch lag, und rümpfte innerlich die Nase. Bibel blieb Bibel, auch wenn es sie hier anscheinend in allen Farben und Größen gab. Dann ermahnte sie sich selbst: *Keinen Stress!* Sie wollte sich das nur in Ruhe anschauen. Niemand zwang sie, für immer hier mitzumachen.

„Ja, und was für welche", sagte Werner und balancierte ein Tablett mit Teetassen zum Tisch. „Ich wollte die gute Nachricht gerade verkünden: Wir dürfen die alte Scheune haben."

Wenn Werner Jubelrufe erwartet hatte, so blieben sie aus. Silas guckte wenig begeistert. Die „alte" Scheune stand am Ende des Gemeindegrundstücks und war schon in den

Achtzigerjahren vom Voreigentümer ausgebaut worden. Es gab sogar eine Toilette in dem kleinen Haus. Allerdings war jede Ecke vollgestopft mit irgendwelchem Gerümpel, das sich über die Jahre angesammelt hatte: Nicht nur wacklige Gartenmöbel, verstaubte Vorhänge und Teppichreste sowie vertrocknete Pflanzen moderten dort vor sich hin, sondern auch kaputtes Spielzeug und sogar alte Kulissen von Krippenspielen.

„Zuerst werden wir die wohl entrümpeln müssen", seufzte Rahels Bruder. „So hat es mit Opas altem Elternhaus auch angefangen. Und dann wurde es immer anstrengender."

„Na und? Kann auch spannend sein", meinte Rahel und stellte ein paar Chipsschälchen auf den Tisch.

„Chipsis!", freute sich Anton und rieb sich die Hände.

„Tut mir leid. Aber mein Vorgänger hier im Pfarrhaus war einfach zu gutmütig", bedauerte Werner die Teenager. „Er hat allen möglichen Leuten erlaubt, ihren Schrott in dem Nebengebäude zu lagern. Nur weil das schon lange nicht mehr benutzt wurde."

Nora setzte sich schnell neben Dorkas. Sie hatte gesehen, dass die Gitarrenspielerin ein Liederbuch mit Noten hatte. So konnte sie mitsingen, auch wenn sie die Lieder nicht kannte.

„Zusammen schaffen wir das schon", verkündete Samuel und schlug das erste Lied vor.

Während sie sangen und Silas Klarinette spielte, guckte Rahel immer mal wieder unauffällig auf ihr Handy. Vielleicht hatte Ronny sich gemeldet und doch noch abgesagt. Aber die Zeit verging, und keine Nachricht ging ein. Mittlerweile war es zwanzig nach sechs.

„Du hast eine schöne Stimme, Nora", bemerkte Werner und klappte das Liederbuch zu. „Schön, dass du unseren Gesang verstärkst."

Nora blickte zu Boden und schluckte, als die anderen Werner beipflichteten.

„Hat Ronny sich gemeldet, Silas?“, fragte Werner. „Sonst fangen wir ohne ihn an.“

Silas legte die Klarinette auf den aufgeklappten Koffer und kontrollierte sein Smartphone. Aber auch bei ihm hatte sich Ronny nicht gemeldet. Er schüttelte bedauernd den Kopf.

„Dann wollen wir uns mal weiter mit der Nächsten- und Feindesliebe beschäftigen“, meinte Werner und neigte den Kopf, um zu beten.

Nora lauschte mit offenem Mund. Zum ersten Mal hörte sie jemanden beten, als spräche er mit einem Freund.

„Unser Vater im Himmel, bitte hilf uns, dein Wort richtig zu verstehen“, betete der Pastor. „Und schenk jedem, der hier ist, das Wort, das er gerade braucht für sein Leben. Amen.“

Dann schlug er seine Bibel auf.

„Ja, ich könnte Hilfe gebrauchen“, sagte der Mann in tadellosem Deutsch und schloss die Augen. „Komm näher, dann muss ich mich nicht so anstrengen mit dem Reden.“

Da die letzten Worte kaum zu verstehen waren, tat Ronny, was der Mann wollte. Er ging um den Bus herum und öffnete die Schiebetür. Dann hockte er sich auf die Trittstufe, weit genug von dem Mann entfernt.

„Warum haben Sie unser Fenster eingeworfen?“, fragte er vorwurfsvoll.

„Tut … tut mir leid. Brauchte eine Unterkunft. Ich bezahle das.“

Ein Eichelhäher flog auf und krächzte heiser. Der Mann zuckte zusammen. Ronny sah auf die verschmutzte Hand des Fremden, die auf der Decke lag.

„Sie sind verletzt“, sagte er. Der Mann ließ die Hand unter der Decke verschwinden, als würde ihn das gesund machen. „Sie brauchen einen Arzt, oder?“, fragte Ronny. „Soll ich einen Rettungswagen rufen?“

„Nein!“, stieß der Mann augenblicklich hervor und guckte so böse, dass Ronny vor dem Blick zurückwich. „Habe selbst ein Handy. So schlimm ist es nicht. Wird schon wieder. Muss mich nur erholen.“

Der Fremde bemühte sich, freundlicher zu klingen. Ronny guckte zweifelnd. Im Erste-Hilfe-Kasten hatte eine Menge Verbandsmaterial gefehlt. Ein harmloser Schnitt war das nicht.

„Und was wollen Sie dann von mir?“

„Du bringst mir zu essen und zu trinken“, verlangte der Mann. „Wenn es mir besser geht, hilfst du mir, von hier zu verschwinden.“

Ronny hob die Augenbrauen, obwohl er nicht überrascht war.

„Wo wollen Sie denn hin?“, fragte er.

„Über die Grenze. In die Niederlande. Ich komme von da, und da gehe ich zum Arzt.“

„Das dachte ich mir“, sagte Ronny. „Aber wie soll ich das machen? Ich habe kein Auto. Nicht einmal ein Fahrrad. Ich glaube nicht, dass Sie besonders weit laufen können.“

„Nein, kann ich nicht. Aber ihr habt gestern eine Schubkarre benutzt.“

Ronny verstand.

„Sie haben uns beobachtet.“

Der Mann nickte und musterte den Jungen.

„Du siehst sportlich aus. Du kannst mich mit der Karre zum Treffpunkt bringen. Zu einem See hier in der Nähe.“

„Sie meinen den Dungkopfsee?“

„Genau. Dort werde ich abgeholt. Von meinem Bruder“, murmelte der Mann.

„Zum See kommt man nicht mit einem Auto. Da führen nur Privatwege hin.“

„Mein Bruder schafft das schon. Auf den ist Verlass.“

Er starrte auf sein Handy. Ronny sah, dass eine Karte geöffnet war.

„Aha. Und warum sollte ich das tun: Sie zu dem See bringen?“, fragte der Teenager.

Der Mann kniff die Augen zusammen.

„Brauchst du Geld?“

Ronny schüttelte langsam den Kopf, obwohl er immer Geld gebrauchen konnte. Die Sonne neigte sich in Richtung Horizont. Bald, gegen halb sieben, würde sie untergehen. Der Teenkreis hatte längst angefangen. Mist, er hatte ganz vergessen abzusagen! Die anderen würden ihn vermissen. Aber das war jetzt auch egal. Das hier war spannender. Ronny beschloss, dem Mann zu sagen, dass er wusste, wer er war.

„Ich will Ihr Geld nicht, denn es gehört Ihnen nicht. Sie sind einer von den Automatenknackern und haben sich bei Ihrer letzten Sprengung in Huppingen verletzt. Wir haben ein blutiges Metallstück am Tatort gefunden. Ich vermute mal, Ihre Mittäter sind ohne Sie abgehauen, weil Sie nicht schnell genug am Auto waren.“

Der Mann kniff die Lippen zusammen. Dann blickte er Ronny ins Gesicht.

„Wenn du das weißt, warum hast du dann nicht längst die Polizei gerufen?“

Das fragte sich Ronny selbst. Warum saß er hier und diskutierte mit einem Verbrecher? Silas würde das gar nicht gefallen, und Opa Schmickler würde die Hände über dem Kopf zusammenschlagen, wenn er ihn hier so sitzen sehen könnte. Ronny nahm aus dem Augenwinkel wahr, wie sich die Hände des Mannes unter der Decke bewegten. Sofort sprang er auf und war bereit, in Sekundenschnelle hinter dem Bus zu verschwinden. Der Verletzte lachte leise über diese Vorsichtsmaßnahme und stöhnte dann sofort auf. Als der

Schmerz nachgelassen hatte, hob er beide Hände beruhigend in die Höhe. Sie waren leer.

„Bin unbewaffnet. Kannst mich gerne durchsuchen."

„Wenn das so ist, wie wollen Sie mich davon abhalten, Sie der Polizei auszuliefern?", fragte Ronny. „Ich könnte einfach weggehen und bräuchte gar nicht mehr wiederzukommen."

Dann tat er das Gegenteil und setzte sich wieder.

„Das ist so. Deswegen biete ich dir einen Deal an."

„Einen Deal?!"

„Einen Handel. Einen, der für dich nur Vorteile hat. Fast."

„Ich weiß, was ein Deal ist. Aber was wollen Sie mir schon groß anbieten?"

„Ihr seid so etwas wie Detektive, oder?" Der Mann zeigte auf Rahels Ordner, der immer noch auf dem Fußboden lag. Ronny schwieg, denn es war klar, dass die Antwort Ja lautete. Der andere sprach auch sofort weiter. „Wenn du die Automatenknacker erwischen willst, habe ich einen Tipp für dich. Aber erst bringst du mich zu dem See." Der Mann stoppte und atmete ein paar Mal, als müsste er Kraft sammeln für den Rest des Satzes. Ronny wartete, bis er weitersprach. „Dann verrate ich dir, wo die Audi-Bande als Nächstes zuschlagen wird."

Ronnys Puls schoss sofort in die Höhe. Was für ein Megaangebot! Wenn der Mann ihm die Pläne seiner Komplizen tatsächlich verriet, dann könnte er, Ronny, sie an die Polizei weitergeben. Wenn die Polizei im Voraus wusste, wo die nächste Sprengung stattfinden würde, könnte sie gleich eine ganze Tätergruppe festnehmen. Wenn das funktionierte, dann würde man eine Menge Schaden verhindern und unschuldige Menschen schützen können. Wenn, wenn, wenn …

Und noch einen weiteren Haken hatte die ganze Sache: Woher wusste er, dass der Mann die Wahrheit sagte? Wenn der Automatenknacker log und Ronny ihn zum Dungkopfsee brachte, dann hätte der Verbrecher seinen Willen bekommen und Ronny nichts. Er hätte einem Straftäter zur Flucht verholfen und stünde mit leeren Händen da.

„Wissen Sie denn überhaupt, wo und wann das sein wird?“, fragte Ronny und versuchte, gelangweilt und misstrauisch auszusehen.

Der Mann zögerte. Ronny hatte den Eindruck, dass er sich die Antwort gut überlegte.

„Nicht genau“, gab der Holländer ehrlich zu. „Aber ich weiß natürlich, was wir zusammen geplant haben. Alle Automaten und die Fluchtrouten sind ausspioniert. Die Reihenfolge der Anschläge steht fest.“ Er tippte sich an den Kopf. „Ist alles hier drin.“

Ronny sah nachdenklich auf den Mann. „Professionell böse“ und „rücksichtslos“ hatte Herr Bertram die Täter genannt und ausdrücklich vor ihnen gewarnt.

„Wer sagt mir, dass Sie mir keine Märchen erzählen?“, fragte er.

Der Mann schloss müde die Augen.

„Niemand“, gestand er. Er gab sich wirklich Mühe, glaubwürdig zu wirken und sein Gegenüber zu überzeugen. „Aber vergiss nicht, dass ich einen guten Grund habe, die Wahrheit zu sagen.“

„Und zwar welchen?“, fragte Ronny. „Warum tun Sie das: Ihre Kumpel verpfeifen?“

„Liegt das nicht auf der Hand? Sie haben mich einfach zurückgelassen, als ich bewusstlos war.“

Das Gesicht des Mannes verzerrte sich vor unterdrückter Wut.

„Rache“, schlussfolgerte Ronny. „Okay. Das war mies von Ihren Kumpels“, sagte Ronny. „Aber was ist, wenn die anderen begreifen, dass Sie genauso mies waren und sie verpfiffen haben? Haben Sie keine Angst vor der Rache Ihrer Komplizen?“

„Doch“, gab der Verletzte unumwunden zu. „Aber das hat Zeit. Zuerst landen sie ein paar Jahre hinter Gittern. Das ist alles, was zählt. Bis die wieder draußen sind, habe ich mir etwas überlegt.“

Ronny dachte noch eine Weile nach. Jedenfalls tat er so. Tatsächlich hatte er den Köder längst geschluckt. Geduldig wartete der Mann auf eine Antwort. Ronny legte die Stirn in Falten und ließ ihn noch ein paar Sekunden zappeln.

„In Ordnung“, sagte er dann und ließ seinen Rucksack langsam vom Rücken rutschen. „Sie haben Glück. Ich habe eine Menge zu essen dabei. Das finden Sie hier drin.“

Er stellte den Rucksack auf dem Boden ab, sodass der Mann nur den Arm austrecken musste, um an das Lunchpaket zu kommen.

„Ist für heute Nacht auch eine Automatensprengung geplant?“, frage Ronny. „Vielleicht sogar hier in der Nähe?“

Der Mann schüttelte leicht den Kopf.

„Nein. Heute Nacht ist Pause.“

„Gut. Dann komme ich morgen früh wieder und sehe nach Ihnen. Wenn Sie noch da sind und heute Nacht wirklich nichts passiert, dann weiß ich, dass ich Ihnen trauen kann“, sagte Ronny.

„Okay“, sagte der Mann leise und schloss die Augen. „Danke.“

„Keine Ursache.“

Im leichten Laufschritt machte sich Ronny auf den Rückweg und hoffte, dass zu Hause noch etwas vom Mittagessen übrig war.

*Wenn der Typ doch abhaut und morgen weg ist, dann habe ich jedenfalls noch das Foto,* dachte er.

# KAPITEL 14

## WO STECKT RONNY?

Werner hatte die Geschichte vom barmherzigen Samariter noch einmal kurz zusammengefasst. Dann war auch er auf die höchste Kunst der Nächstenliebe zu sprechen gekommen: die Feindesliebe.

„Gott erwartet also von uns, dass wir den Menschen vergeben, die uns etwas Böses angetan haben."

Als Werner das sagte, guckte Nora bedient, genau wie Rahel und Sophia es erwartet hatten. Einen Augenblick lang fürchteten sie sogar, dass Nora aufstehen und gehen würde. Doch sie tat es nicht. Das Mädchen unterbrach Werner nicht einmal, sondern hörte zu, wie alle anderen auch.

„Die … Die Dortmund-Fans haben auch Lieblingsfeinde."

„Nicht Lieblingsfeinde, ‚Feinde lieben' hat Werner gesagt", stellte Rahel klar.

„D… Die Schalker sind das. Haste gehört, Rahel, Schalke 04?", kommentierte Onkel Anton, ohne auf die Korrektur seiner Nichte einzugehen.

„Und? Liebst du die?", fragte Samuel freundlich nach.

„Klar. W… Wenn die verlieren, lieb ich die", erklärte Anton.

„Das glaube ich sofort", sagte Werner schmunzelnd. „Aber du sollst den Gegner auch lieben, wenn er gewinnt."

„K… Kann ich ja machen“, versprach Anton gutmütig. „Wenn ich noch ein paar Chips kriege.“

Dorkas reichte ihm eine neue Tüte, die der Dortmund-Fan gekonnt öffnete. Rahel schüttelte den Kopf.

„Das ist ganz schön viel verlangt“, gab Samuel zu, als Werner seine Bibel zuklappte.

„Ja, das stimmt, Samuel. Aber Gott verlangt nichts von uns, was er nicht selbst getan und uns vorgemacht hat. Jesus ist das beste Beispiel dafür, was Feindesliebe heißt. Als er schon am Kreuz hing und wusste, dass er sterben würde, betete er für seine Mörder: ‚Vater, vergib ihnen, denn sie wissen nicht, was sie tun‘, sagte er. Dagegen haben wir viel weniger auszuhalten. Meistens versucht ja niemand, uns gleich umzubringen.“

„Ich weiß trotzdem nicht, ob ich mich dabei gut fühlen würde“, meinte Samuel schulterzuckend.

„Oh, das musst du auch nicht, Samuel. Feinde zu lieben und ihnen zu vergeben, das hat nichts mit tollen Gefühlen zu tun“, erklärte Werner. „Das heißt nicht unbedingt, dass wir uns dabei gut fühlen, wenn wir anderen vergeben und sie lieben. Das ist in erster Linie eine Entscheidung. Ein Entschluss. Die Gefühle kommen manchmal erst viel später.“

„Und wenn das, was uns angetan wurde, noch nicht zu Ende ist?“, fragte Rahel und dachte an Nick und Viola. „Wenn es keine einmalige Sache ist, sondern irgendwie andauernd weitergeht? Wenn man das ständig vor Augen hat?“

„Das ist eine gute Frage, Rahel.“ Werner nickte und guckte in die Runde. „Was meint ihr anderen dazu?“

„Dann muss man jeden Tag neu vergeben“, antwortete Silas.

„Ich schätze, so ist es“, bestätigte Werner.

„Aber dann gewinnt ja das Böse!“, protestierte Samuel. „Die Feinde können einfach so weitermachen, und nichts passiert?“

„Nein", widersprach Werner. „Das habe ich nicht gesagt, und das ist damit auch nicht gemeint. Man muss das Böse nicht einfach hinnehmen. Man darf sagen, dass einem Unrecht getan wurde, und sich auch Hilfe holen. Man darf sich wehren. Wir sollen den Feind lieben, als Person. Aber das Böse, das er tut, das darf bekämpft werden. Ja, das muss es sogar." Er schmunzelte. „Mit legalen Mitteln natürlich und mit dem Guten. Gott fordert uns sogar ausdrücklich dazu auf."

Nora dämmerte es, dass Abführmittel wohl nicht zum Guten und damit nicht zu einem legalen Kampf gegen das Böse gehörten. Jedenfalls nicht bei Pastor Werner. Verstohlen guckte sie zu Rahel. Die kicherte, als wüsste sie genau, woran Nora gerade dachte. *Nein,* dachte Nora trotzig, *tut mir überhaupt nicht leid, dass ich es Nick ein Stück weit heimgezahlt habe! Geschieht ihm recht!*

„Aber den Rest überlässt man Gott, Samuel", schloss Werner. „Das Richten und das Strafen."

„Und dem Staat", sagte Silas.

Werner nickte.

„Selbstverständlich, Silas. In einer Demokratie übernehmen die Justizbehörden Gericht und Strafe. Darauf haben wir uns geeinigt. Wenn eine Straftat vorliegt, dann muss sie auch angezeigt werden."

„Das ist aber nicht so leicht", sagte Dorkas.

„D... Das Anzeigen?", fragte Onkel Anton. „Das geht bei der Polizei."

„Nein, Anton. Wo man das anzeigt, weiß ich auch", antwortete Dorkas schmunzelnd. „Ich meine, es ist nicht leicht, das Böse mit dem Guten zu bekämpfen."

„Niemand hat behauptet, dass Feindesliebe leicht ist", sagte Werner. „Aber es hilft, wenn wir uns daran erinnern, dass Gott uns zuerst geliebt hat. Er gab seinen Sohn für uns, als wir noch seine Feinde waren und nichts mit ihm zu tun haben wollten. Als uns seine Gebote egal waren. Wenn du daran denkst, Dorkas, was Gott dir alles schon vergeben hat, dann ist es leichter, mit deinen Feinden genauso gütig umzugehen. Und Gott ist definitiv auf unserer Seite, um uns zu trösten und zu unterstützen, wenn jemand schlecht an uns gehandelt hat."

Nora guckte nachdenklich. *Ein Gott, der es schafft, dass ich Nick und Viola vergebe, der müsste schon ganz schön krass sein,* dachte sie. *Ich denke nicht im Traum daran!*

„Aber lasst uns jetzt ein paar Runden Air-Hockey spielen", schlug Werner vor und stand auf. Silas seufzte. Der Pastor war dafür bekannt, dass er niemanden absichtlich gewinnen ließ.

„Ich bin gleich wieder da. Ich rufe nur eben noch mal Ronny an", sagte Silas und verschwand mit seinem Handy vor die Tür.

„Vielleicht ist ihm etwas passiert. Er wollte zu Fuß zur Zentrale", überlegte Rahel laut und griff nach einem Billard-Queue. Sie hatte keine Lust auf Air-Hockey. „Das ist jedenfalls das Letzte, was er Silas geschrieben hat."

„Meinst du, er ist beim Joggen umgeknickt?", fragte Sophia.

„Und dann liegt er da auf dem Waldweg und wartet auf Hilfe?", sagte Nora. „Meint ihr nicht, dass er sich längst selbst geholfen hätte?"

„Doch, klar. Aber sich so gar nicht zu melden ... Das sieht ihm einfach nicht ähnlich", rätselte Rahel, während sie die Billardkugeln sortierte.

Als Silas wieder in den Raum kam, guckte er ratlos.

„Nur die Mailbox", sagte er.

Nach dem Teenkreis fuhren Rahel und Silas mit ihrem Onkel in dessen Ellenator zurück nach Brehl. Silas war froh darüber, dass Anton dieses besondere Auto fahren konnte, denn es goss in Strömen.

„Hat Anton Opa und Papa eigentlich schon erzählt, was ihm gestern auf der Arbeit passiert ist?", fragte Rahel ihren Bruder.

Onkel Anton redete nicht gern während der Fahrt. Er war immer sehr konzentriert, wenn er den Ellenator steuerte.

„Als Papa gestern aus dem Büro zurückkam, lagen Anton und Opa schon im Bett. Da konnte er nichts mehr erzählten. Aber heute hat er Opa seinen Ellbogen gezeigt, kaum dass er aus dem Caritas-Bus gestiegen war. Der Fahrer war noch nicht vom Hof, da wusste Opa schon von dem Unglück mit der gelösten Handbremse." Silas grinste. „Ich war zufällig in der Nähe. Opa war natürlich froh, dass es noch einmal gut gegangen ist. Aber er glaubt, das Ganze war ein Versehen. Das Pflaster hält übrigens immer noch", sagte Silas nicht ohne Stolz in der Stimme.

„Ein Versehen?! Nicht sein Ernst."

Rahel richtete sich empört in dem Autositz auf.

„Doch. So etwas kommt öfter vor, als man denkt, meinte er. Du vergisst, dass es niemanden gibt, der ein Motiv hätte, Schwesterherz. Das hast du doch selbst gesagt. Wer sollte Onkel Anton etwas antun? Da ist das mit dem Versehen tatsächlich die logischste, weil wahrscheinlichste Erklärung."

„Dann müssen wir halt nach einem Motiv suchen", protestierte Rahel. „Das kann man doch nicht so einfach auf sich beruhen lassen. Du hast doch gehört, was Ronny gesagt hat. Vielleicht hat einer extra nachgeguckt, wann Anton draußen arbeitet. Und was ist, wenn so etwas noch mal vorkommt und Ronny nicht zufällig in Antons Nähe ist?"

Anton hielt an einer Ampel.

„I… Ich habe keine Feinde“, sagte er.

„Nein, du nicht. Aber vielleicht jemand anders, dem du wichtig bist“, meinte Rahel.

„Und Ca… Caruso?“

„Ganz genau“, sagte Rahel. „Jemand, dem du und Caruso wichtig sind.“

„Das ist aber quasi jeder in unserer Familie“, sagte Silas. „Ich habe lange darüber nachgedacht. Und ich wüsste nicht, dass irgendjemand von uns Feinde hat, oder fällt dir jemand ein?“

„Nein. Jedenfalls nicht solche Feinde“, antwortete Rahel ratlos.

An der Ampel gegenüber hielt ein schmutziger weißer Opel. Rahel kam das Auto bekannt vor. Aber sie wusste nicht, warum. Der Fahrer sah ganz normal aus. Ein bisschen wie der Alm-Öhi aus der Heidi-Geschichte mit seinem dichten angegrauten Bart. Er guckte etwas genervt, als könnte er es kaum erwarten, dass die Ampel auf Grün sprang. Als sie es endlich tat, fuhr der Mann sofort an. Auch Anton rollte vorwärts. Das Kennzeichen war nicht aus dem Kreis Brehlweiler. LEV … Moment! Das stand für Leverkusen! Jetzt wusste Rahel wieder, woher sie das Auto kannte.

„Silas! Hast du das Auto gesehen?“

Aufgeregt drehte sich Rahel um, aber der Mann war schon zu weit entfernt, als dass sie weitere Buchstaben hätte erkennen können.

„Den, der uns entgegenkam?“

„Ja! Das war doch der Opel von Ronnys Bild, oder? Na klar! Der, der auf dem Caritas-Parkplatz stand und dessen Fahrer die Kantine nicht gefunden hat.“

„Angeblich“, sagte Silas. „Ja, ich erinnere mich. Aber so genau habe ich mir das Auto jetzt nicht angesehen.“

„Ich schon. Das war der Wagen. Aber jetzt saß kein südländischer Typ am Steuer, sondern ein anderer Mann. Der gerade hatte blasse Haut und war bestimmt einen Meter achtzig. Mit so einem Bart."

Rahels Hände deuteten an, bis wo die Gesichtsbehaarung des Mannes ging.

„Meine Güte, was du alles siehst", wunderte sich Silas. Dann begriff er.

„Moment mal, Leverkusener Kennzeichen?", fragte er.

„Yepp", sagte Rahel.

„Du denkst, in Leverkusen arbeitet …"

„Genau. Ich denke, der Einzige von uns, der eine Verbindung nach Leverkusen hat, ist Papa", unterbrach Rahel ihren Bruder.

„Das gefällt mir gar nicht", sagte Silas.

Anton blinkte und fuhr von der Bundesstraße ab. Wenig später hatten sie den Schmicklerhof erreicht. Papa kam gerade aus dem Haus und überquerte den Hof. Er trug eine dicke Aktentasche unter dem Arm und zog einen kleinen Rollkoffer hinter sich her. Der Rechtsanwalt blieb kurz stehen, um den Ellenator vorbeizulassen. Dann ging er zu dem VW-Passat, der vor dem Haus parkte, und öffnete den Kofferraum. Anton parkte und stieg aus.

„W… Weißt du, was gestern bei der Caritas p… passiert ist?", begann er, ohne Begrüßung auf seinen großen Bruder einzureden. Er nahm sich nicht einmal die Zeit, die Fahrertür des schwarz-gelben Ellenators zu schließen.

Doch Paul Schmickler hatte es noch eiliger und stand innerlich unter Strom. Es hatte einen halben Arbeitstag gedauert, aber dank des Druckers in der dritten Etage wusste er seit heute, wer die letzte anonyme Drohbotschaft ausgedruckt hatte. Sie war aus dem Büro von Herrn Matthäus gekommen. Der Stellvertreter von Herrn Gomez-Diaz, oder jemand, der sein Büro benutzte, hatte einen Fehler gemacht.

Und ein wenig Pech gehabt. Das Dokument mit dem Namen „Dr.Sch." hatte sich auf Platz Nummer zweihundertsiebenundneuzig befunden. Somit war es möglich gewesen, es zu seinem Absender zurückzuverfolgen. Drei Druckaufträge mehr, und es wäre gelöscht gewesen. Er würde sich diesen feinen Herrn Matthäus am Montag vorknöpfen. Bei dem Gedanken daran wurden seine Lippen schmal.

„Jetzt nicht, Anton", wimmelte er daher seinen Bruder ab. „Ich muss morgen früh nach Leuna und habe noch einiges vorzubereiten."

Hastig verstaute er Aktentasche und Rollkoffer im Wagen und knallte den Kofferraumdeckel zu. Dann warf er einen schnellen Blick auf seine Uhr.

„Das kannst du mir am Sonntag in aller Ruhe erzählen."

Onkel Anton verstummte sofort, drehte sich um und ging zurück zu seinem Ellenator.

Rahel guckte ihren Vater wütend an, aber das schien ihn nicht sonderlich zu stören. Vielleicht bemerkte er es nicht einmal.

„S… Sonntag habe ich Geburtstag", erklärte Onkel Anton seiner Nichte und schloss die Fahrertür.

„Und das werden wir groß feiern", versprach sie ihm lautstark. „Mama hat schon alles für deine Borussentorte eingekauft. Die wird fantastisch. Hörst du, Papa? Fantastisch."

„A… Andreas und Dirk kommen auch", sagte Anton.

„Hm", machte Papa und verschloss den Passat mit einem Knopfdruck. Die Zentralverriegelung klackte. Rahel hätte darauf gewettet, dass er kein Wort mitbekommen hatte. „Ich muss morgen früh los", murmelte der Rechtsanwalt, als spräche er mit sich selbst, und machte ein paar Schritte auf die Haustür zu.

Da fiel sein Blick auf das weiße Kärtchen, das hinter dem Scheibenwischer klemmte. Es sah aus wie eine Visitenkarte.

Automatisch griff er danach, las und runzelte die Stirn. Irgendjemand wollte jedes Auto kaufen. Dann drehte er die Karte um. Die Rückseite war frei bis auf einen handschriftlich ergänzten Satz: „Eine nette Familie haben Sie", las er still. Seine Augenbrauen schoben sich noch weiter zusammen.

„Was ist das?", fragte Rahel und versuchte, einen Blick auf Papas Hand zu werfen.

Doch Paul Schmickler verdeckte die Schrift und ließ die Karte in seiner Hosentasche verschwinden.

„Werbung", sagte er knapp und ging ins Haus.

„Alles klar", murmelte Rahel und stemmte die Hände in die Hüften. In diesem Moment klingelte Silas' Handy. Er ging sofort dran.

„Du liebe Güte, Ronny, wo steckst du?"

„Ich bin gerade nach Hause gekommen. Tut mir leid, dass ich es nicht zum Teenkreis geschafft habe. Der Schlüssel für den Bus ist bei euch im Briefkasten. Den habe ich vor einer halben Stunde eingeworfen."

„Okay", sagte Silas gedehnt. „Opas Fahrrad ist repariert. Du kannst es wieder ausleihen. Sehen wir uns morgen? Dann kannst du es gleich mitnehmen."

„Klasse!" Glück musste man haben. „Klar, ich bin ganz früh bei euch. Ich nehme den ersten Bus", versprach Ronny.

„Und dann erzählst du uns, was du heute so Wichtiges gemacht hast?", hakte Silas nach.

Ronny zögerte einen kleinen Moment.

„Da gibt es nichts zu erzählen", behauptete er. „Bin einfach zu weit gelaufen. Bis morgen", sagte er schnell und legte auf, bevor er sich doch noch verplapperte.

„Wenigstens geht es ihm gut", meinte Rahel, während Silas verwundert vor sich hin sah.

# KAPITEL 15

## EINE SCHWERE ENTSCHEIDUNG

Wie versprochen tauchte Ronny schon früh am nächsten Morgen auf dem alten Schmicklerhof auf. Er hatte einen der ersten Busse genommen, obwohl er eine unruhige Nacht hinter sich hatte. Immer wieder hatte er sich gefragt, ob es richtig gewesen war, den Automatenknacker nicht sofort bei der Polizei zu melden. Zu alledem hatte es eine gute Stunde heftig geregnet. Das Trommeln der dicken Tropfen auf die Dachziegel direkt über sich hatte Ronny fast wahnsinnig gemacht.

Der Junge gähnte müde. Immerhin schien der Holländer in einem Punkt die Wahrheit gesagt zu haben: Weder in den Radionachrichten des Lokalsenders noch im Internet war von einem weiteren Anschlag auf einen Geldautomaten berichtet worden. Die Verbrecher machten Pause. Trotzdem zitterten Ronnys Finger nervös, als er auf die Klingel drückte. Gleich würde er der ehrlichsten Familie gegenüberstehen, die er kannte. Was Silas und Rahel sagen würden, wenn sie wüssten, was er vorhatte, wusste Ronny genau. Ihm wurde heiß bei dem Gedanken, dass auch noch deren Eltern dahinterkommen könnten. Nein, diese Sache musste er im Alleingang durchziehen.

„Hi", hielt Ronny die Begrüßung knapp, als die Tür aufging.

„Komm rein", sagte Rahel. „Silas ist noch bei seinem ersten Brötchen. Kannst mitessen."

Ronny betrat den Flur. Er musste es schaffen, heute vor allen anderen an der Zentrale zu sein. Jedenfalls so lange der Holländer da war.

„Wir haben sturmfreie Bude. Papa ist auf Dienstreise und Mama zu diesem Koblenzer Song Contest. Sie begleitet Nora und singt sie dort ein. Sophia und Dorkas sind übrigens auch mitgefahren."

„Boah, cool", sagte Ronny.

Zwei Erwachsene und sogar Sophia waren schon mal aus dem Weg.

„Ja, finde ich auch. Es ist ein bisschen Feindesliebe, meint Mama. Wir unterstützen Nora, obwohl sie nicht gerade freundlich zu uns war."

Ronny widersprach nicht. Er ließ Rahel in dem Glauben, dass er von dem Song Contest gesprochen hatte. In Wahrheit war ihm Nora gerade ziemlich egal. Er hängte seine Jacke an die Garderobe und ging die Treppe hoch.

„Außerdem müssen wir uns nicht beeilen. Onkel Anton fährt gleich zum Bienen-Einfüttern, da können wir mit dem Trecker mitfahren und sparen Zeit."

Ronny erschrak. Die Schmicklerschen Bienenstöcke standen nicht weit von ihrem roten Detektei-Bus.

„Äh, Bienen einfüttern? Kommt dein Opa auch mit?", fragte er.

Herr Schmickler Senior als ehemaliger Polizist würde sofort seine Kollegen rufen, wenn er den flüchtigen Automatenknacker dort entdeckte.

„Nein, warum? Das kann Anton allein. Da muss man nur Zuckerwasser reinschütten, damit die Völker über den Winter kommen."

Ronny atmete auf. Trotzdem würde er sich besser damit beeilen, zum Bus zu kommen.

„Müsste man das auch, wenn man den Bienen ihren Honig ließe?“, fragte er, um Interesse an den Bienen zu heucheln.

„Nur, wenn das Volk zu klein ist.“

„Ich bin gleich fertig“, versprach Silas mit vollen Backen, als er Ronny und Rahel erblickte. „Hast du schon gefrühstückt?“

„Nicht genug“, meinte Ronny und zog einen Stuhl vom Tisch. Er würde jede Menge Energie brauchen, um das Schubkarrentaxi für den Verletzten zu spielen. Deshalb ergriff er die Gelegenheit, sich noch zwei Brötchen zu schmieren, nur zu gern. Eins für sich und eins für den Automatenknacker, der hoffentlich noch da war.

„Nun erzähl endlich“, forderte Silas ihn auf.

„Ich sag doch, es gibt nichts zu erzählen. Wie war eigentlich der Teenkreis gestern Abend?“, fragte er.

„Prima“, sagte sein Freund knapp. „Nora war da, und wo warst du?“

Silas ließ einfach nicht locker. Ronny seufzte. Nun musste er sich etwas ausdenken. Er wusste, dass es schlauer war, dabei, soweit es ging, bei der Wahrheit zu bleiben.

„Ich war in der Zentrale. Brauchte frische Luft nach einem dämlichen Telefonat mit meinem Vater.“

„Das wissen wir“, sagte Rahel freundlich. „Du hast schließlich den Schlüssel hier abgeholt. Und du hast mein vollstes Verständnis. Aber warum so lange? Der Teenkreis ging bis nach einundzwanzig Uhr. Du hättest später dazustoßen können. Schließlich hattest du Nora eingeladen. Da ist es doch irgendwie doof, wenn du nicht kommst. Sie hat nach dir gefragt.“ Rahel wurde plötzlich misstrauisch. „War irgendwas mit dem Bus? Fehlte noch etwas?“

Ronny schüttelte den Kopf und fühlte sich miserabel. Das mit der Fensterscheibe konnte er nicht erzählen. Dann würde nichts seine Freunde davon abhalten, sofort zur Zentrale zu fahren.

„Nee, nee. Ich habe nur so lange nachgedacht." Das stimmte. Er hatte sich die Entscheidung nicht leicht gemacht. Welche, brauchte er ja nicht zu sagen. „Aber ich kann jetzt auch nicht so lange bleiben. Muss gleich wieder weg, bin eigentlich nur da, um das Fahrrad abzuholen. Ist echt nett von eurem Opa. Meine Mutter wollte, dass ich ihr heute ... äh ... im Haushalt helfe."

Rahel runzelte die Stirn. Die Wohnung, die Ronny und seine Mutter bewohnten, war nur sechsundfünfzig Quadratmeter groß. Sie lag unter dem Dach eines Mehrfamilienhauses und hatte weder einen Garten noch einen Balkon.

„Was gibt es denn bei euch so viel zu tun?", hakte sie nach. „Kriegt ihr Besuch?"

„Nein. Aber sie meint, ich soll selber lernen, wie man Wäsche wäscht und so."

„Und kocht?", fragte Silas.

„Ja, genau."

Jede weitere Lüge fiel Ronny leichter.

*Alles klar,* dachte Rahel. *Ronny und kochen ... Einen Kochkurs im Internet vielleicht. Aber mit seiner Mutter?!* Doch sie hielt es für schlauer, ihr Misstrauen nicht laut zu äußern.

Sophia klatschte so fest, dass ihr schon die Handflächen wehtaten.

„Bravo, Nora!", rief sie, auch wenn die Schulkameradin sie nicht hören konnte. „Und alles auswendig!"

Dann pfiff Sophia auf Daumen und Zeigefinger. Das hatte sie gestern Abend nach dem Teenkreis eine ganze Weile geübt. Ihr Pfeifen war immer lauter geworden, bis Maman sie gestoppt hatte. Es machte Spaß, so zu jubeln. Nora war wirklich gut gewesen. Ihre warme, volle Stimme hatte fast die ganze kleine Mosel-Halle gefüllt und Sophia zu Tränen gerührt. Sie hatte keinen Fehler bemerkt. Kaum zu glauben, was Frau Schmickler ihrer Schülerin schon beigebracht hatte.

„Jetzt müssen wir warten, bis die Jury entscheidet", sagte Rahels Mutter und stand auf. „Suchen wir uns so lange was zu essen und zu trinken. Ich brauche einen Kaffee."

„Ist ganz schön spannend", sagte Sophia zu Dorkas. „Viele von denen sind richtig gut. Das hatte ich gar nicht so erwartet."

„Ja", pflichtete Dorkas ihr bei. „Ich bin froh, dass ich mitgekommen bin. Aber das ist nicht der einzige Grund, warum wir hier sind, oder?", fragte sie. „Also, die Spannung, meine ich."

Sophia grinste.

„Nein, ein klitzekleines bisschen Feindesliebe ist auch dabei", gab sie zu. „Ich übe. Aber so ist es gar nicht so schwer. Ich muss meiner Feindin ja nicht gleich um den Hals fallen. Nur zuhören."

Dorkas verstand augenblicklich.

„Habe schon von Rahel gehört, dass dir Nora manchmal ganz schön zugesetzt hat. Aber du zahlst es ihr nicht mit gleichen Mitteln heim. Das finde ich toll."

Sophia widersprach: „War ehrlich gesagt nicht meine Idee. Frau Schmickler hat das vorgeschlagen, dass ich heute mitkomme, und ich hatte echt keine Lust. Aber jetzt fühlt es sich tatsächlich richtig gut an. Ich mag Nora zwar immer noch nicht besonders; sie anzufeuern macht mir aber nichts aus. Schließlich geht sie auf meine Schule. Da muss man ja irgendwie zusammenhalten."

Als sie die Cafeteria erreicht hatten, trafen sie auf Nora. Sie hatte ein gerötetes Gesicht und war etwas außer Atem. Nervös leckte sie sich immer wieder über die Lippen. Hannah Schmickler stand schon an der Theke und winkte den drei Mädchen.

„Du warst super“, lobte Sophia, und das Lob fiel ihr nicht schwer, da es der Wahrheit entsprach.

„Ja, wirklich“, bestätigte Dorkas. „Ich konnte jedes Wort verstehen, und trotzdem war es so … so gefühlvoll.“

„Danke“, sagte Nora und starrte zu Boden, als sei das Muster der Fliesen total interessant. Beinah wäre sie gegen eine Konkurrentin gelaufen. Dorkas zog sie im letzten Moment zur Seite.

„Was wollt ihr trinken?“, fragte Frau Schmickler, als das Kleeblatt bei ihr angekommen war. Die Mädchen gaben ihre Bestellung auf: Kakao für Dorkas, Ingwertee für Nora und Milchkaffee für Sophia. Dazu orderte Rahels Mutter vier Stück Buttercremetorte. „Wir haben uns eine Belohnung verdient, finde ich“, behauptete sie und steuerte zielstrebig auf einen der Stehtische zu.

„Was kann man hier eigentlich gewinnen?“, fragte Dorkas, als sie zu viert um den Tisch herumstanden. Vorsichtig nippte sie an ihrem Kakao.

„Eine professionelle CD-Aufnahme und ein paar Extra-Gesangsstunden für die ersten drei“, antwortete Nora. Sie sah sehnsüchtig auf ihr Stück Torte, traute sich aber nicht, davon zu probieren. Ihr Mund war so trocken, dass sie befürchtete, nicht schlucken zu können, und der Tee war noch zu heiß, um damit nachzuspülen.

„Probier ruhig“, ermutigte Frau Schmickler ihre Schülerin und stellte noch ein Wasser auf den Tisch. „Schmeckt fantastisch.“

Dankbar griff Nora nach dem Glas.

„Kommt das vom Lampenfieber?“, fragte sie. „Der Durst?“

Frau Schmickler nickte.

„Ja, von der Aufregung und vom Singen. Da verliert man Flüssigkeit. Du hast wahrscheinlich vergessen, genug nachzufüllen.“

„Stimmt. Dabei standen überall Flaschen und Becher", gab Nora zu.

„Ich wünsche dir, dass du einen dieser Preise gewinnst", sagte Sophia aufrichtig.

Nora schluckte und bekam feuchte Augen.

„Das ist … nett von dir", stammelte sie.

Gern hätte sie noch mehr gesagt. So etwas wie: *Es tut mir leid, dass ich manchmal so eklig zu dir war.* Doch die Worte steckten ihr im Hals fest. Sie brachte sie nicht heraus, obwohl das Wasserglas jetzt leer war. Reden war manchmal so viel schwerer als Singen.

Ronny sah zu, dass er vom Hof kam. Da Silas in der offenen Haustür stand, blieb Ronny mit dem Polizeirad erst auf der Hauptstraße und fuhr ein Stück zurück in Richtung Burgenach. Doch als er außer Sichtweite war, wendete er sofort. Zügig schlug er den Weg zur Zentrale ein. Die kleine Parallelstraße, die er dafür benutzte, war vom Haus der Schmicklers aus nicht einzusehen. Um keine Zeit zu verlieren, erhöhte Ronny sein Tempo weiter. Sein Magen rebellierte, weil er das Brötchen so hastig heruntergeschlungen hatte. Oder weil er seinen Freunden auch noch Magenschmerzen vorgetäuscht hatte? Wie sonst hätte er das zweite, schon belegte Brötchen, einpacken können, ohne sich verdächtig zu machen? Vielleicht hatte er sich zu sehr in seinen kleinen Schwindel hineingesteigert.

Ronny ignorierte sowohl den Protest seines Bauches als auch den seines Gewissens und blieb bei seinem Tempo. Je weiter er sich von Rahel und Silas entfernte, desto besser fühlte er sich. Gut, dass Sophia nicht dagewesen war. Sie anzulügen wäre ihm wesentlich schwerer gefallen. Wenig später stieß der Radfahrer auf den Waldweg, der hinauf auf den Hügel führte. Ronny blieb bei seinem Tempo, und mit dem Waldweg stieg auch sein Puls. Als der Schotter aufhörte, wurde der Weg schlammig, besonders an den ebenen Stellen, in denen sich das Wasser der vergangenen Nacht zu Pfützen gesammelt hatte. Doch Ronnys Beine bewegten sich automatisch, sein Kopf wurde leer. Das schlechte Gewissen drückte immer weniger. Ab und zu fuhr er am Rand des Weges, weil der Boden dort fester war. Ein paar Minuten später hatte Ronny sein Ziel erreicht. Er sah gleich, dass etwas nicht stimmte.

„Mist", schimpfte er und lehnte das schwere, mit Matsch bespritzte Rad an einen Baum. Dann rannte er die letzten Meter zum Bus. Er hatte recht mit seinem Verdacht: Der Vogel war ausgeflogen. Die Schiebetür stand offen, und die grauen Polster waren leer. „Ich hätte es wissen müssen."

Wütend fuhr er sich mit der Hand durch die Haare und versuchte, einen klaren Gedanken zu fassen. Eigentlich war es unmöglich, dass der Täter in seinem Zustand weit gekommen war. Plötzlich hatte Ronny ein komisches Gefühl im Bauch, und diesmal hatte es nichts mit dem Frühstück oder seiner Lüge oder seiner wütenden Enttäuschung zu tun. Nein, ihm fiel ein, dass der Verletzte vielleicht doch versucht haben könnte, allein zum See zu kommen. Was, wenn er unterwegs irgendwo zusammengebrochen und gestorben war? *Ich muss nach dem Holländer suchen,* das war Ronny augenblicklich klar. Er joggte ein Stück in den Wald in Richtung Dungkopfsee und blieb dann stehen, um zu horchen und die Gegend mit Blicken abzusuchen. Da hörte er ein Stöhnen.

Ronny hielt die Luft an. Da war das Geräusch wieder! Nun hörte man es ganz deutlich. Jemand stöhnte, und er konnte nicht mehr als ein paar Meter entfernt sein. Ronny ließ seinen Blick umherschweifen. Nichts bewegte sich oder kam ihm sonst irgendwie verdächtig vor. Er horchte. Da war das Stöhnen wieder. Eindeutig: Es kam aus der dichten

Eibenhecke, die auf halbem Weg zum See lag. Sie war ein prima Sichtschutz, wenn man mal musste, weil man zu viel Fassbrause getrunken hatte. Ronny kontrollierte seinen Handyempfang. Heute war er gut. Das war dem wolkenlosen Wetter zu verdanken. Er steckte das Handy weg und griff sich einen Ast, um bewaffnet zu sein. Dann schlich er auf die Hecke zu. Vielleicht hatte der Verletzte nur mal aufs Klo gemusst?

# KAPITEL 16

## RETTUNGSAKTION

Vorsichtig schloss Rahel das Dachfenster. Dann kroch sie über den Spitzboden zurück zur Dachbodenluke und kletterte die Leiter hinunter. Das Fernglas baumelte um ihren Hals.

„Und?", fragte Silas, der die Leiter hielt.

„Wie ich gesagt habe", antwortete Rahel und schwenkte die Holzklappe wieder über das Loch im Dachboden. Dann verriegelte sie die Luke sorgfältig, während Silas die Leiter zusammenklappte und in die kleine Abstellkammer brachte.

„Er ist also in den Wald gefahren anstatt nach Hause", stellte Silas fest.

„Richtung Zentrale." Rahel nickte nachdenklich und gab Onkel Anton das Fernglas zurück. Sein Wohnzimmer lag direkt unter dem Dachboden von Opas Haus. „Fragt sich nur, warum. Da stimmt was nicht."

„Nee, da ist was faul", stimmte Silas seiner Schwester zu.

Er guckte unglücklich. Ronny hatte ihn noch nie angelogen, soweit er wusste.

„Etwas ist faul im Staate Dänemark", sagte Anton mehr zu sich als zu den Geschwistern und legte das Fernglas auf seinen Platz in der Vitrine.

„Was hat jetzt Dänemark damit zu tun?“, fragte Rahel leicht genervt.

Anton zuckte mit den Schultern.

„W… Weiß nich. Das sagt man so. I… im Lammbett.“

„Hä?!“

„Wohl ein Schlagertext“, meinte Silas, denn sein Onkel hatte bei dem Satz mit Dänemark nicht gestottert.

Als er hinter sich ein Lachen hörte, drehte er sich um und sah, wie Opa gerade die Treppe hochkam.

„Nein. Das ist ausnahmsweise kein Schlager, Silas“, erklärte Pit Schmickler seinen Enkeln. „Sondern ein Satz aus dem ‚Hamlet‘ von Shakespeare. Das haben wir beide neulich im Theater gesehen. Und es heißt so viel wie, dass sich jemand verdächtig benimmt.“

„G… Genau“, stimmte Onkel Anton zu. „Shakes-Bier.“

Silas lachte jetzt auch. Nur Rahel blieb ernst. Sie biss sich auf die Lippe. Gut, dass Opa nicht wusste, um wen es gerade ging.

„Können wir uns beeilen mit dem Bienen-Einfüttern, Anton?“, drängelte sie. Sie wollte Ronny auf den Fersen bleiben. Wer wusste schon, wohin der sonst noch verschwand.

„Sehr gut. Ich wollte euch gerade losscheuchen“, sagte Opa. „Anton und ich haben nachher nämlich noch einen Friseur-Termin.“

„Damit du morgen die Haare schön hast?“, fragte Silas.

Onkel Anton strich sich grinsend über den Kopf.

„F… Für meinen Geburtstag“, sagte er.

„Genau“, sagte Opa. „Dann ab mit euch. Gerd steht schon fertig mit Zuckerwasser beladen auf dem Hof.“

Das musste er Rahel nicht zweimal sagen. Eine Fahrt mit dem roten Hanomac ließ sie sich selten entgehen. Insgeheim hoffte sie, dass Opa sie und Silas auch bald mal selbst fahren ließ.

„Du bist ein Schatz!“, sagte sie und verpasste ihrem Opa eine kurze Umarmung.

Ronny hatte die Hecke erreicht, aus der die Geräusche kamen. Er war auf einiges gefasst, aber als er dann wirklich um die Ecke guckte und den Verletzten sah, erschrak er trotzdem. Dem Mann schien es furchtbar schlecht zu gehen. Er lag auf der rechten Seite, zusammengerollt wie ein kleines Kind. Die Beine hatte er angezogen, und er hielt sich die Hände auf den Bauch. Seine Augen waren geschlossen, T-Shirt und Verband blutgetränkt. Das sah ganz und gar nicht gut aus! Wenn er dem Mann wirklich helfen wollte, dann war es das einzig Richtige, ihn zum Arzt zu schaffen. Das war Ronny schlagartig klar. Hoffentlich war es nicht schon zu spät!

Die Angst, dass er einen schrecklichen Fehler gemacht hatte, machte Ronny das Atmen schwer. Er hätte sich selbst dafür ohrfeigen können, dass er den Mann über Nacht allein gelassen hatte. Jetzt musste er sofort einen Rettungswagen rufen. Im Nu hielt er sein Handy in der Hand. Aber ob der RTW überhaupt den unbefestigten Waldweg hochfahren konnte? Nach dem Regen heute Nacht war alles so matschig. Mit dem Rad hatte er es so eben hierhergeschafft, ohne auszurutschen. Aber nur, weil er auf den Rand des Weges, der etwas höher lag, hatte ausweichen können. Das ging mit einem Auto nicht wirklich. Mindestens zwei seiner Räder müssten sich immer durch den Matsch wühlen. Prüfend warf Ronny einen Blick hoch in die dichten Baumkronen.

„Hubschrauber kann ich hier auch vergessen“, murmelte er und hockte sich neben den Kranken. Das Gesicht des Mannes zuckte. Offenbar hatte er ihn gehört.

„Hallo?“, sagte Ronny etwas lauter und fasste den Verletzten sanft an der Schulter. Er wollte ihn nicht erschrecken, aber prüfen, ob er noch bei Bewusstsein war. „Ich bin es.

Ronny. Ronny Till, mit dem Sie gestern den Deal gemacht haben."

Die Augenlider des Kranken flatterten in dem bleichen Gesicht. Er war nahe an einer Ohnmacht, schien den Jungen aber zu verstehen.

„Tut mir leid. Das mit unserem Ausflug zum Waldparkplatz wird wohl nichts. Wir bringen Sie besser so schnell wie möglich ins Krankenhaus", sagte Ronny.

„Wer … ist wir?", fragte der Mann und versuchte, die Augen zu öffnen.

„Ich", sagte Ronny und schlug sich in Gedanken vor die Stirn. „Ich bin allein." *Leider,* dachte er, *und ich bin auch noch selbst schuld.* „Aber ich hole Hilfe."

Ronny stand auf, wählte den Notruf 112 und hielt sich das Handy ans Ohr. Während er darauf wartete, dass jemand am anderen Ende abhob, lief er zurück zum Bus, um eine Decke für den Verletzten zu holen. Er musste ihn warmhalten.

Mit dem roten Trecker dauerte die Fahrt zur Zentrale lediglich zehn Minuten. Die dicken Reifen mit dem tiefen Profil hatten keine Probleme mit dem matschigen Waldweg, und Gerd hatte genug PS unter der Haube, um den Hügel hinaufzukommen. Hinter dem alten Hanomac sah der Weg nun allerdings wie frisch gepflügt aus. Als Anton an der kleinen Haltebucht stoppte, sprangen die Teenies von der Ladefläche des Hängers. Sie warteten, bis ihr Onkel wieder angefahren und um die nächste Ecke verschwunden war, dann gingen sie über den kleinen Hügel zur Zentrale der Detektei Anton. Das Holzschild, das Anton vor einigen Monaten nach ihrem ersten gelösten Fall in den Boden gerammt und mit seinem Namen verziert hatte, leuchtete ihnen schon von Weitem entgegen. Und da stand auch Opas altes Polizeirad. Ronny hatte es an eine Tanne gelehnt. Die Heckklappe des alten Caritas-Busses war hochgeklappt, und hinter dem Bus stand Onkel Antons verbeulte Schubkarre. Dann sah Rahel das kaputte Fenster.

„Da hat jemand unsere Glasscheibe zertrümmert!", flüsterte sie empört. „Warum hat Ronny nichts davon erzählt?"

Plötzlich klopfte ihr Herz bis zum Hals. Silas bekam feuchte Hände vor Aufregung.

„Wir sind nicht allein", sagte er leise in Rahels Richtung und rückte näher an seine Schwester heran. Auch Rahel hatte die Bewegung in der großen Hecke gesehen, die auf der Lichtung etwa hundertfünfzig Meter entfernt stand. Automatisch stellte sie sich auf eine mögliche Flucht ein. Doch es war nur Ronny, der hinter den Nadelbüschen zum Vorschein kam. Erst erschrak er offenbar, dann aber schien er erleichtert zu sein und joggte ohne Zögern auf seine Freunde zu. Rahel stemmte die Hände in die Hüften, bereit, ihn zur Rede zu stellen. Aber sie kam nicht dazu, denn Ronny redete zuerst.

„Kommt schnell!", verlangte er schon, als er sie noch gar nicht ganz erreicht hatte. „Ihr müsst uns helfen!"

„Uns?", fragte Rahel und rührte sich nicht vom Fleck.

„Ich bin nicht allein", sagte Ronny und lief weiter an ihnen vorbei und zum Bus. Dort kramte er nach dem Erste-Hilfe-Kasten. Silas riss die Augen auf.

„Wer ist denn bei dir?", wollte er wissen.

„Ein verletzter Mann. Keine Ahnung, wie er heißt. Holländer, etwa Mitte zwanzig", stieß Ronny hervor.

„Und was hat der an unserem Bus zu schaffen?", fragte Rahel. Ihre Stimme war laut und vorwurfsvoll. „Hat der was geklaut? Der hat bestimmt das kaputte Fenster auf dem Gewissen, oder?!"

Ronny schüttelte ungeduldig den Kopf. Aus den Augenwinkeln sah er, dass Silas bereits zur Hecke lief, hinter der der Mann lag.

„Uns nichts, jedenfalls nichts Wertvolles."

Oh Mann, das hörte sich total bescheuert an.

„Verstehe ich nicht", sagte Rahel und starrte in Ronnys Augen. Der wich ihrem Blick aus und presste den Kasten mit dem Verbandszeug an seine Brust. „Wen hat er denn dann beklaut?", fragte sie und wusste im selben Augenblick die Antwort selbst. „Holländer, sagst du? Und er ist verletzt?"

Entsetzen und Neugier zugleich funkelten in ihren Augen.

„Ja doch, und er braucht dringend Hilfe", drängte Ronny.

„Das gibt es doch nicht! Du hast Samariter gespielt und einen der Automatenknacker in unserer Zentrale versteckt", rief Rahel aus. „Echt jetzt?! Spinnst du? Wir müssen sofort die Polizei anrufen!"

„Hast du mir nicht zugehört?", schrie Ronny jetzt. „Der Mann braucht Hilfe!"

Er ließ Rahel stehen und lief zurück zu Silas.

„Rettungswagen ist unterwegs", keuchte er und reichte Silas den Erste-Hilfe-Kasten. „Kannst du was davon gebrauchen?" Er fühlte sich schrecklich. Was, wenn die Hilfe nicht mehr rechtzeitig kam?

„Danke. Lass mal hier", bat Silas seinen Freund und begann leise zu beten.

Jetzt war auch Rahel herangekommen. Sie wurde blass und wich zurück, als sie das Blut sah. Plötzlich schämte sie sich, dass sie nur an das zerbrochene Fenster gedacht hatte.

„Kann ich irgendwas tun? Willst du einen Druckverband versuchen?", fragte sie.

„Nein. Das geht am Bauch nicht", lehnte Silas ab. „Dann kriegt er keine Luft. Wir können nicht viel tun." Er kramte in dem weißen Metallkasten mit dem roten Kreuz, um ein Verbandspäckchen zu finden. Ah, da war es. Silas nahm das Päckchen und öffnete es. „Da. Das kann er sich auf die Wunde drücken. Falls er noch die Kraft dazu hat."

„Soll ich Anton anrufen?", fragte Rahel.

Silas nickte.

„Ja. Gute Idee. Und Ronny, du kannst die Schubkarre holen. Und noch mehr Kissen und Decken. Wenn der RTW nicht durch den Matsch kommt, dann bringen wir ihn mit Gerd zum asphaltierten Stück der Straße. Wir müssen ihn nur gut polstern."

Rahel ging ein Stück auf die Seite und wählte Antons Nummer. Ronny joggte zum Bus und dann mit vier Decken auf dem Arm zur Schubkarre.

„Anton kommt", meldete Rahel und hockte sich neben Silas.

Als Ronny wieder hinter der Hecke ankam, schlug der Mann gerade die Augen auf. Er sah den Jungen an und schien ihn wiederzuerkennen. Silas und Rahel beachtete er nicht.

„Du bist zurück", flüsterte er. Dann schloss er die Augen wieder und bewegte die Lippen, als versuchte er, etwas mitzuteilen. Sein Gesicht verkrampfte sich. Schnell beugte Silas sich über ihn, doch der Verletzte hatte aufgehört zu reden. Ronny ließ sich auf die Knie fallen.

„Ich bin hier. Ich helfe Ihnen. Wir bringen Sie in Sicherheit", versprach er dem Mann. „Was wollten Sie sagen? Versuchen Sie es noch einmal. Wir sind jetzt ganz nah bei Ihnen."

„Antweiler", flüsterte der Mann kaum hörbar, aber direkt in Silas' Ohr. „Antweiler. Heute Nacht …"

„Antweiler. Heute Nacht. Alles gut. Wir haben verstanden", wiederholte Silas laut, und der Mann entspannte sich sichtbar. „Weißt du, was er meint?", fragte er Ronny leise.

Sein Freund seufzte.

„Ja, ich glaube schon: Heute Nacht wird wahrscheinlich der Geldautomat in Antweiler überfallen. Die Polizei sollte das wissen."

„Klar", sagte Silas, als sei das Gehörte das Selbstverständlichste auf der Welt. „Rahel, machst du das?"

Ohne zu antworten, wählte seine Schwester die Nummer der Polizeiwache in Brehlweiler. Mittlerweile konnte sie die Nummer auswendig. Herr Bertram oder sein Stellvertreter würde die wichtige Information so schnell wie möglich an die entsprechenden Stellen weitergeben. Während Rahel ungeduldig darauf wartete, dass die Verbindung zustande kam, ging sie Onkel Anton entgegen. Auf dem Waldweg konnte sie schon den roten Trecker sehen und winkte. Die Jungs würden froh über ein weiteres Paar Hände sein. Irgendwie mussten sie den Holländer möglichst sanft in die Schubkarre bekommen. Anton winkte zurück, parkte den Trecker und stieg ab. Gleichzeitig hörte Rahel es am anderen Ende der Telefonleitung tuten. Ihr Anruf war durchgekommen. Sie sah ihren Onkel auf sich zukommen und ging ihm entgegen.

„Lauf zu Silas und Ronny", bat sie ihn, als sie auf gleicher Höhe waren.

Dann hob jemand von der Polizeiwache ab. Rahel lauschte auf die Ansage an ihrem Ohr: „Polizeiwache Brehlweiler, Bertram am Apparat. Was kann ich für Sie tun?", fragte der Polizist.

„Hallo, Herr Bertram", grüßte Rahel erleichtert.

Kurz und ehrlich schilderte sie ihre Situation. Herr Bertram bedankte sich ebenso knapp und legte auf, ohne ihr Vorwürfe zu machen. Sie war sich sicher, er würde alles Nötige in die Wege leiten, und das war ein gutes Gefühl. Mit diesem Gefühl rannte Rahel zurück zu den Jungs. Ronny hatte die Schubkarre bereits mit drei Decken ausgepolstert und ein Regalbrett aus dem Bus auf die Griffe gelegt, um die Liegefläche zu vergrößern. Es blieb gerade noch genügend Platz zum Anfassen.

„Warum hast du uns nichts gesagt?", brach es aus ihr heraus, obwohl der Moment nicht der beste war, um so eine Frage zu beantworten. Sie standen zu viert um den Verletzten herum. Onkel Anton starrte ernst auf die blutige Hand des Mannes, mit der er das blutige Verbandpäckchen auf sein blutiges T-Shirt hielt.

„I… Ich glaub, das nützt nix", stellte er fest.

„Mann, weil er mir einen Deal vorgeschlagen hat", antwortete Ronny Rahel wütend und zerknirscht zugleich. „Ich helfe ihm bei der Flucht, und er verrät mir, wo die nächste Tat stattfindet. Win-win-Situation."

„Und das hast du wirklich geglaubt?", stöhnte Rahel auf.

„Nicht zu hundert Prozent. Zur Sicherheit hatte ich ein Foto von ihm gemacht."

„Na super!"

„Ist ja gut. Jetzt kommt es mir auch dämlich vor", schimpfte Ronny. „Aber gestern klang es ganz logisch. Und ich dachte, so von wegen Nächstenliebe und so und was ich verhindern könnte …"

Bis jetzt hatte Silas von den Bemerkungen um ihn herum nicht viel mitbekommen. Er kniete neben dem Verletzten und überlegte, wie sie ihn am besten vom Boden in die Schubkarre bekamen, ohne ihm unnötig Schmerzen zu bereiten. Doch beim Wort Nächstenliebe wurde er hellhörig.

„So ist das nicht gemeint", widersprach er. „Mitleid mit Straftätern ist okay, Ronny, aber ob sie bestraft werden oder nicht, das entscheiden doch nicht wir."

„D… Das machen die Gerichte", erinnerte sich Onkel Anton an den Teenkreis.

„Genau. Ist doch ungerecht, jemanden laufen zu lassen, nur weil er wichtige Informationen hat", behauptete Rahel.

Doch wenn sie ehrlich war, hätte sie vielleicht das Gleiche wie Ronny getan, wenn sie in seiner Situation gewesen wäre.

„Ja, ja. Wahrscheinlich hätte die Polizei ihn auch selbst dazu gebracht, den nächsten Tatort zu verraten. Ich weiß!", rief Ronny wütend. „Okay, okay. Alles klar. Es tut mir leid, ja? Habt ihr gehört? Es tut mir leid, verdammt. Ist aber passiert. Nur, was machen wir jetzt?"

Er rang die Hände.

„Genau das, was ich sage", befahl Silas. Er war fertig mit Überlegen, und ihm war die Lösung eingefallen. „Gib mal die Decke, Ronny. Wir rollen ihn da drauf und heben ihn vorsichtig hoch."

Ronny gehorchte und reichte seinem Freund das Gewünschte.

„Tut ihm das nicht weh?", fragte er.

Seine Stimme war wieder leiser geworden und klang jetzt nur noch besorgt.

„Muss aber sein", meinte Silas knapp. „Aber es gibt da eine Technik. Mit ist eingefallen, wie man das möglichst schonend macht."

Mit Rahels Hilfe rollte Silas die Decke längs zu einer Rolle zusammen, allerdings nur bis zur Hälfte. Diese aufgerollte Hälfte stopfte er dem Verletzten, der immer noch zusammengekauert auf der rechten Seite lag, in den Rücken. Die Rolle reichte ihm vom Hals bis zu den Waden. Die andere Deckenhälfte breitete Silas hinter dem Rücken des Mannes aus und zog sie glatt.

„Jetzt kommt her!", dirigierte er seine Freunde. „Ronny, fass an die Knie, und Rahel, du an die Schulter. Ich übernehme die Hüfte."

„Und dann?", fragte Rahel.

Ihre Knie fingen an zu zittern, als sie sich zu dem Verletzten hinabbeugte.

„Dann drehen wir ihn auf Kommando alle drei gleichzeitig über die aufgerollte Decke auf die andere, seine linke Körperseite", antwortete ihr Bruder. „Dann liegt er genau in der Mitte der Decke."

„Ah, okay", sagte Rahel und nickte.

„Verstanden", sagte Ronny und hockte sich hin.

Diesmal war er auf das Kommando gefasst. Nach „Eins, zwei" und bei „der Herr ist treu" zogen alle drei Helfer zugleich mit ihren sechs Händen an dem Verletzten und drehten ihn so sanft wie möglich auf den Rücken. Für einen Moment lag er unbequem auf dem aufgerollten Deckenteil. Doch dann fassten die Detektive sofort nach und zogen den Mann nun an der anderen Schulter und der anderen Hüfte auf die linke Seite. Der Holländer stöhnte, lag aber jetzt genau so, wie sie ihn haben wollten. Silas rollte die eingewickelte Hälfte der Decke wieder aus und erhob sich. Onkel Anton hatte mitgedacht und die Schubkarre schon an der richtigen Stelle abgestellt.

„Jetzt schnappt sich jeder von euch einen Zipfel unserer improvisierten Krankentrage", sagte Silas.

„Ich auch?", fragte Anton.

„Ja, sonst sind wir doch nur drei."

„O… Okay", sagte Anton und bückte sich.

Mit dem nun schon vertrauten Kommando hoben alle vier Detektive die Decke mit dem Verletzen an und schwenkten ihn über die Schubkarre.

„Verflixt, ist der schwer", keuchte Rahel.

Auch die anderen prusteten und stöhnten, nur der Holländer gab keinen Laut von sich. Auch nicht, als sie ihn langsam wieder ablegten.

„Du schiebst", sagte Silas, nachdem er Atmung und Lage des Kranken kontrolliert hatte, und zeigte auf Ronny. Der fasste sofort an die Griffe der Schubkarre. Froh, endlich etwas tun zu können, hob er die menschliche Ladung an und schob sie vorsichtig in Richtung Trecker. Dabei gab er sein Bestes, um jede Erschütterung des Verletzten zu vermeiden. Zum Glück war der Waldboden hier relativ eben. Silas und Rahel gingen vor und suchten den besten Weg. Weil Ronny langsam und gebückt manövrierte und das Gleichgewicht der Schubkarre nicht so einfach zu halten war, schmerzten nicht nur seine langen Arme, sondern auch Beine und Rücken, noch ehe er die Hälfte der Strecke geschafft hatte. Trotzdem setzte er nicht einmal ab, sondern biss die Zähne zusammen, um so schnell wie möglich zum Anhänger zu kommen. Besser die Muskeln protestierten als dieses dumme Gewissen. Als Ronny seine Aufgabe erledigt hatte, lief ihm der Schweiß von der Stirn, und er schnappte nach Luft. Anton war schon vor ihnen am Trecker angekommen und hatte die Anhängerklappe geöffnet. Der rote Gerd stand bereits in Fahrtrichtung. Von einem Rettungswagen allerdings war weit und breit nichts zu sehen und auch nichts zu hören. Besorgt sah Silas auf den schlammigen Weg, dann entschied er schnell.

„Wir bringen ihn bis zur Straße", sagte er. „Alle auf die gleiche Position wie eben."

Sein Team gehorchte. Alle standen neben der Schubkarre und hielten ihren Zipfel der Decke in der Hand. Nur Ronny war schon auf den Hänger geklettert und griff die Decke von oben. Gemeinsam hievten sie den Mann so hoch wie möglich, bis Ronny ihn mithilfe der Decke sicher auf die Ladefläche ziehen konnte.

„Geschafft", sagte er erleichtert, als der Mann komplett auf dem Anhänger lag. Die Geschwister kletterten nun ebenfalls auf die Ladefläche. Anton reichte Rahel die übrigen drei Decken, die als Polster in der Schubkarre gelegen hatten, und Silas benutzte sie, um den Verletzten zu sichern. Dafür stopfte er eine Decke vor die Brust des Verletzten und zwei zwischen dessen Rücken und die Seitenwand des Hängers. Zum Schluss rückte er ganz dicht an den Holländer heran und half ihm, die Wundauflage des Verbandpäckchens auf den Bauch zu drücken.

„Du kannst losfahren", gab Rahel Anton das Kommando.

Sofort ließ Onkel Anton den Diesel an.

„Wir müssen irre sein", sagte Silas, als der Trecker anrollte.

„Quatsch. Ging doch besser als gedacht", widersprach Rahel. „Das geht ganz bestimmt schneller, als wenn sich der RTW hier hochquält."

Ronny sagte gar nichts. Er war fix und fertig. Im Schritttempo und hochkonzentriert steuerte Anton den guten alten Gerd über den schlammigen Waldboden. Silas betete wieder lautlos, und auch Rahel bewegte die Lippen. Für Ronny dehnten sich die Minuten zur Ewigkeit. Du meine Güte, wie lange brauchte denn so ein dämlicher Rettungswagen? Beinahe jede Sekunde sah Ronny auf sein Handy, während Anton gekonnt jedem Schlagloch auswich. Doch schließlich drang das erlösende Signal durch den Wald.

„Es ist nicht mehr weit!", sagte Silas und atmete hörbar auf.

Ronny reckte den Kopf, aber es dauerte noch zwei weitere Minuten Bergabfahrt und drei Kurven, bis auch sie das blaue Blinklicht sehen konnten. Nun hielt es Ronny nicht mehr auf dem Anhänger. Er sprang über die Seitenwand des Hängers in den Matsch und lief dem RTW entgegen. Der Rettungswagen hielt gerade am Ende der besseren Schotterpiste. Die Beifahrertür öffnete sich, und ein Sanitäter kam heraus. Er warf sich seinen Rucksack auf den Rücken.

„Der Mann ist auf dem Anhänger ", rief Ronny, der schon am RTW stand.

Anton stoppte Gerd gerade am Ende der Schlammpiste. Der Sanitäter nickte und ging zügig auf den roten Trecker zu, während der Fahrer den RTW schon einmal wendete. Dafür brauchte er auf der engen Straße ein bisschen länger.

„Gott sei Dank", sagte Ronny, als er mit dem Sanitäter bei dem Verletzten ankam und obwohl er gar nicht an Gott glaubte. Silas standen vor Erleichterung die Tränen in den Augen.

# KAPITEL 17

## EINEN SCHRITT WEITER

„Ihr glaubt nicht, wie schön es in Koblenz war", sprudelte Sophia begeistert hervor und stieg aus dem Auto. Gerade war sie mit Hannah Schmickler vom Song Contest zurückgekehrt. „Ihr hättet mitkommen sollen. Dorkas hat es auch gefallen, und Nora war super. Ratet mal, welchen Platz sie gemacht hat."

Die anderen vier Mitglieder der Detektei saßen auf der Bank vor dem Haus und zeigten wenig Begeisterung. Die Teenies sahen dreckig aus. Ronnys Kleidung war mit Schlamm bespritzt, Rahel hatte total zerzauste Haare, und an Silas T-Shirt waren Blutspuren zu sehen. Sophia blieb erschrocken stehen. Caruso lag zu Antons Füßen. Er erhob sich als Einziger und sprang um Sophia herum, um sie zu begrüßen.

„Platz, Caruso", kommandierte Anton.

Aus Opas Küche zog Bratwurstduft auf den Hof. Er selbst guckte durchs Küchenfenster. Als er das Auto seiner Schwiegertochter bemerkte, verließ er den Herd und ging zur Haustür.

„Was ist passiert?", fragte Mama alarmiert. Sie war etwas langsamer als Sophia ausgestiegen und schloss den Wagen ab. Jetzt sah sie in die bleichen Gesichter. „Freude über den Erfolg einer Schulkameradin sieht anders aus. Ist irgendwas mit Papa? Hat er angerufen?"

Silas schüttelte den Kopf. Seine Augen waren klein vor Müdigkeit. Nachdenklich versuchte er ein Lächeln, um Mama zu beruhigen.

„Nein, Papa hat sich nicht gemeldet.“

„A… Aber wir haben einen der Au… Au… Automatenknacker gefasst“, fiel ihm sein Onkel ins Wort.

„Silas!“, rief Mama aus. Dann entdeckte sie die Blutflecken, schnappte nach Luft und sah zu ihrem Schwiegervater, der auf sie zukam. „Weißt du was davon, Paps?“, fragte sie. „Oder nehmt ihr mich auf den Arm? Ist das auf Silas′ T-Shirt wieder nur Theaterblut?“

Opa hatte ein kleines Küchenhandtuch mit hinausgebracht. Er trocknete sich das letzte Wasser von den Händen.

„Keine Angst, Hannah. Es war relativ ungefährlich.“

„Relativ?!“

Mamas Mund blieb nach der Frage offen stehen, und ihre Augen waren fast genauso weit geöffnet. Auch Sophia sah verwirrt aus.

„Die Kinder waren nicht wirklich in Gefahr. Und dafür, dass sich einer der Täter ausgerechnet in Omas alten Caritas-Bus geflüchtet hatte, dafür konnten sie wirklich nichts.“

„Gütiger Himmel!“, stöhnte Mama. Sie wurde blass und hielt sich am Autodach fest. „Hat ... hat euch der Mann irgendwas getan?“

Nervös huschten ihre Augen über jedes einzelne Mitglied der Detektei, einschließlich Caruso. Nein, die Kinder sahen gesund aus, und auch ihr Schwager und sein Hund schienen unversehrt zu sein.

„Du siehst ja, dass alle wohlbehalten hier sind“, beruhigte Opa Mama. „Sie haben sich an das gehalten, was die Kollegen gesagt haben, und nicht eigenmächtig gehandelt.“

Ronny versuchte zu schlucken, doch sein Mund war so trocken wie Löschpapier. Mama ließ das Autodach wieder los. Als Opa fertig mit Händeabtrocknen war, warf er sich das Handtuch über die rechte Schulter. Genau da hatte es bei Oma auch immer gelegen. „Der Mann war fast bewusstlos, Hannah. Er ist schwer verletzt. Die Detektei Anton hat ihm vermutlich das Leben gerettet“, erklärte Pit Schmickler.

„I… Ich hab den Trecker gefahren“, erinnerte Onkel Anton an seinen Anteil und hob den Zeigefinger.

Trotz des Lobes sah Ronny unglücklich aus. Sehnsüchtig wartete er auf den Anruf der Klinik, der hoffentlich bestätigen würde, dass der Holländer über den Berg war. Es war schlimm, nichts weiter tun zu können.

„Im Moment wird er wohl operiert“, sagte Silas.

„Die Rettungsaktion war ganz schön aufregend“, gab Rahel zu. „Der Mann hat viel Blut verloren.“

„Gut, dass ich nicht dabei war“, sagte Sophia aus tiefstem Herzen.

„Ich war auch froh, als die Sanitäter übernommen haben.“ Rahel atmete tief durch. „Aber es gibt noch mehr Neuigkeiten. Los, Ronny! Erzähl schon.“

Ronny hatte eigentlich wenig Lust dazu, aber da ihn Sophia und Frau Schmickler neugierig anstarrten, tat er Rahel den Gefallen.

„Der holländische Mann gehört tatsächlich zu einer Automatensprenger-Bande. Auf dem Weg zum Rettungswagen hat er uns verraten, dass die Typen für heute Nacht einen Anschlag in Antweiler planen. Wenn wir Glück haben, kann die Polizei die Verbrecher auf frischer Tat ertappen. Wir haben schon alle Infos an Herrn Bertram weitergegeben.“

Sophia fiel der Unterkiefer herab.

„Wieso hat er das denn gemacht?“, fragte sie.

„Rache“, sagte Rahel. „Seine Kameraden haben ihn einfach liegen gelassen, als er sich an dem Sprengsatz verletzt hatte. Er hat es nicht mehr in das Fluchtauto geschafft.“

„Wie gemein!“ Sophias verspürte sofort Mitleid, selbst mit einem Straftäter. „Und wo liegt dieses Antweiler?“, fragte sie.

„An der Oberbrehl. Ungefähr fünfzig Kilometer von hier“, antwortete Ronny.

„Gott sei Dank. Da wollt ihr wohl nicht mit dem Fahrrad hinfahren“, sagte Sophia erleichtert.

Silas grinste.

„Ich bestimmt nicht. Das geht immer nur berghoch.“

„Berghoch“, höhnte Ronny. „Das ist ein Flusstal! Geht's noch?“

„Tal ja, aber Antweiler liegt Richtung Quelle! Also steigt die Strecke an“, beharrte Silas auf seiner Meinung.

Bevor Ronny einen weiteren Kommentar zu der „bergigen Geografie“ abgeben konnte, stemmte Mama die Hände in die Hüften.

„Also, um das mal klarzustellen: Niemand fährt heute auch nur noch in die Nähe von Antweiler. Keiner verlässt den Hof!“

„Jedenfalls nicht, bis alle Bratwürstchen aufgegessen sind“, sagte Opa und hob drohend die Würstchenzange.

„Paps! Du willst mir doch nicht in den Rücken fallen, oder?! Das ist nun wirklich Sache der Polizei. Das müsstest du doch am besten wissen.“

Opa lachte und zwinkerte Mama zu.

„Natürlich, Hannah. Aber ich habe hundert Würstchen im Kühlschrank. Die waren eigentlich für morgen gedacht...“

„Da ... Da habe ich Geburtstag“, brachte sich Anton in Erinnerung.

„Das wissen wir“, riefen Rahel und Silas diesmal gleichzeitig.

„Aber ich dachte, nach der Aufregung schadet eine kleine Stärkung nicht“, beendete Opa seinen Satz.

„Ich bin dabei“, sagte Sophia. „Die Torte war zwar super, Frau Schmickler, aber auch supersüß. Jetzt brauche ich etwas Herzhaftes. Interessiert es eigentlich noch jemanden, welchen Platz Nora gemacht hat?“

„Klar doch!“

Rahel und Silas sahen sie erwartungsvoll an.

„Den zweiten! Das heißt, Nora darf eins ihrer Lieblingslieder professionell in einem Studio aufnehmen, und außerdem bekommt sie ein paar Gesangsstunden bei einer Mez…“

Hilfesuchend sah Sophia zu Frau Schmickler.

„Bei einer Mezzosopranistin, das ist auch Noras Stimmlage.“

„Ja, und die singt beim Stadttheater. Deine Mutter kennt sie.“

„Ja, sie ist fantastisch. Nora wird sehr von den Stunden profitieren. Es freut mich, dass sie Erfolg hatte.“

„Das hat sie sicher zu einem Teil dir zu verdanken, oder, Hannah?“, sagte Opa leise zu seiner Schwiegertochter, als sie ihm in die Küche folgte.

„Vielleicht ein bisschen, Paps“, antwortete Rahels Mutter schmunzelnd.

Als eine Stunde später wirklich niemand mehr eine Bratwurst essen konnte, klingelte Mamas Smartphone. Es war Papa. Mama stand auf und ging in Opas Arbeitszimmer, um in Ruhe zu telefonieren. Opa zog sich zu einem Mittagsschläfchen zurück. Silas grunzte selig und strich sich über den Bauch.

„Cool. Und das gibt's morgen wieder.“

„J… Ja, da habe ich Geburtstag“, verkündete Anton noch einmal.

Rahel verdrehte die Augen.

„Mensch, Anton! Das weiß jetzt wirklich jeder. Los, wir räumen die Küche auf“, bestimmte sie und stand auf.

„Was wünschst du dir denn von Opa?“, fragte Silas seinen Onkel und öffnete die Spülmaschine.

„Ei… Eine neue Leine für Caruso. Aus Leder.“

Caruso sah hoch, als er seinen Namen hörte, und fiepte kurz.

„Ach, du meine Güte“, sagte Rahel schuldbewusst. Sie ließ gerade Wasser in die Spüle laufen. „Caruso! Mensch, das habe ich völlig vergessen. Durch diese Explosionsserie und die Audi-Bande habe ich in den letzten Tagen gar nicht mehr an unseren Gift-Fall mit Caruso gedacht. Wir sind keinen Schritt weitergekommen, oder hat jemand von euch einen Geistesblitz gehabt?“

„Nein“, sagte Silas und griff nach einem Geschirrtuch. „Keine neuen Erkenntnisse über dieses PlantEx und die geheimnisvolle Zutat Gluxiphat.“

„Die Liste der Hersteller, die dir Frau Samsone gegeben hat, ist doch nicht lang. Theoretisch könnten wir mehr über alle diese Betriebe in Erfahrung bringen“, schlug Sophia vor. Sie stellte einen Tellerstapel auf die Arbeitsplatte.

„Schon, aber die meisten Firmen, die das mal produziert haben, sind weit von uns entfernt“, wandte Silas ein. „Wie soll jemand von denen Caruso kennengelernt haben? Und vor allem: Warum sollte er oder sie ihn vergiften? Das ist mir ein Rätsel.“

„Stimmt. Wir haben immer noch kein Motiv. Aber euer Opa hat uns beigebracht, dass die meisten Straftaten Beziehungstaten sind. Ein Fremder hätte gar keinen Grund, Caruso etwas zu tun“, erinnerte Ronny. „Hast du mal einen feuchten Lappen und ein Geschirrtuch? Dann wische ich den Tisch ab.“

Rahel reichte ihm das Gewünschte.

„Das einzige Chemiewerk auf der Liste, das in der Nähe liegt, ist CWL“, sagte sie nachdenklich. „Das, in dem Papa arbeitet.“

„Nicht gut“, meinte Ronny.

Als Mama zurückkam, schien sie gut gelaunt zu sein. Rahel atmete insgeheim auf. Die Stimmung zwischen Mama und Papa war in letzter Zeit wieder etwas kritisch. Trotz aller guten Vorsätze. Außerdem tuschelten die beiden ständig. Dabei sahen ihre Gesichter angespannt aus, und sie blickten sich immer um, ob auch keins der Kinder hören konnte, was sie zu bereden hatten. Das war Rahel schon lange aufgefallen.

„Schön, euch so fleißig bei der Arbeit zu sehen", lobte Frau Schmickler und schwenkte ihr Handy. „Papa hat mir ein paar Bilder geschickt. Aus Leuna. Da hat er heute geschäftlich zu tun. Es ist sogar ein Selfie dabei."

Mama legte ihr Smartphone auf den Esstisch. „Ihr könnt gleich mal gucken. Bringt mir das Handy einfach rüber, wenn ihr fertig seid. Ich muss mich etwas sputen."

Mit diesen Worten verabschiedete sie sich, um Onkel Antons Borussia-Torte zu backen. Rahel stellte noch schnell die Spülmaschine an. Dann ging sie ins Esszimmer und beugte sich zusammen mit Silas über das Display. Sie lachten gleichzeitig. Denn Papas Gesicht war oben knapp über den Augen abgeschnitten. Dafür waren seine Nasenlöcher besonders gut zu erkennen.

„Ein typisches Selfie", meinte Ronny grinsend, der Silas über die Schulter guckte. „Also, für euren Vater."

Im Hintergrund, hinter Paul Schmickler, sah man silberne Schornsteine, jede Menge Metallrohre und riesige kugelförmige Kessel.

„Das sind die Leuna-Werke", erklärte Ronny bereitwillig. „Einer der größten Chemparks Deutschlands."

„Ist das in der Nähe von euch, also, von Dresden?", fragt Sophia.

„Wenn du zwei Stunden nah findest", antwortete Ronny lächelnd. „Ist eher in der Nähe von Leipzig. Also nicht mehr Sachsen, sondern schon Sachsen-Anhalt."

Interessiert betrachtete Rahel die Szenerie. Doch dann stutzte sie. Hinter Papa war ein Mann zu erkennen, der ihr bekannt vorkam. Sie zog das Foto mit Daumen und Zeigefinger größer. Aber leider war die Aufnahme unscharf.

„Was ist?", fragte Silas.

„Nichts", antwortete seine Schwester. „Wahrscheinlich habe ich mich geirrt."

Das nächste Bild zeigte den strahlend blauen Himmel Ostdeutschlands vor einer blassgrünen Wiese. Rahel wischte weiter. Nun sah man den Parkplatz, auf dem mindestens tausend Autos abgestellt werden konnten.

„So ... So viele Menschen arbeiten da", kommentierte Onkel Anton. „Im Westfalenstadion sind auch so viele Parkplätze."

Und da war der Mann wieder. Diesmal besser zu erkennen. Sein buschiger Bart, darüber das runde Gesicht.

„Das ist der Typ aus dem schmutzigen Opel!", sagte Rahel aufgeregt.

„Welcher Opel?", fragte Silas. „Der, den Ronny bei der Caritas fotografiert hat?"

„Ja, der gestern Abend hier bei uns in Brehl an der Ampel stand."

Auch Ronny beugte sich nun wieder über das Handy.

„Nee, Sherlock, das ist der nicht. Der Mann, der sich vor Birgits Büro verirrt hatte, war viel kleiner und hatte bräunliche Haut. Außerdem trug er so eine Art Maßanzug. Der war supergepflegt, mit gefeilten Fingernägeln und so."

„Ich weiß", sagte Rahel ungeduldig. „Aber den Typen auf dem Foto habe ich gestern in dem gleichen Auto gesehen. Der schmutzige Opel mit Leverkusener Kennzeichen stand hier in Brehl an der Ampelkreuzung. Nach dem Teenkreis, den du verpasst hast, und kurz bevor Papa die angebliche Werbung hinter seinem Scheibenwischer gefunden hat!"

Bei dem Wort *Werbung* malte sie zwei unsichtbare Anführungszeichen in die Luft.

„Wenn der mit Papa in Leuna ist …“, begann Silas.

„Dann arbeitet der auch bei CWL“, ergänzte Sophia.

„Und da haben wir die Verbindung zu eurer Familie von jemandem, der zumindest theoretisch Zugang zu diesem Herbizid gehabt hat“, fasste Ronny zusammen.

Rahels Magen grummelte plötzlich.

„Ob Mama weiß, wer der Typ auf dem Foto ist?“, überlegte sie.

„Glaube ich nicht, fragen wir lieber sofort Papa.“

Silas nahm das Handy und tippte seinem Vater eine kurze Nachricht in die Messenger-App.

„Wer ist der Mann mit dem interessanten Bart hinter dir, Liebling?“

Daneben setzte er einen Zwinker-Smiley. Die Antwort kam sofort.

„Das ist Herr Matthäus, Liebling. Herzchen-Smiley.“ Silas wurde rot. „Der Stellvertreter des Abteilungsleiters für den spanischen Markt. Sein Chef hatte heute eine Familienfeier, deshalb konnte er nicht selber mitkommen.“

„Matthäus? Ist das nicht der mit dem Unfall im Labor?“, erinnerte sich Sophia.

„Korrekt“, bestätigte Rahel.

„Ich würde sagen, wir sind doch einen Schritt weiter“, sagte Ronny ernst.

„Leider gefällt mir die Richtung überhaupt nicht, in die wir laufen“, stöhnte Silas. „Es scheint wirklich, als hätte es jemand auf Papa abgesehen.“

Rahel nickte.

„Ich kann mir nur überhaupt nicht denken, warum“, sagte sie ratlos.

Herr Schmickler betrat sein Büro. In Leverkusen war es schon lange dunkel. Das große Panoramafenster zeigte nur noch künstliche Lichter über der Welt dort draußen. Er war müde von der Geschäftsreise, aber auch zufrieden mit sich. Die Verhandlungen waren gut gelaufen und die Verträge unter Dach und Fach. Frau Samsone war zur Höchstform aufgelaufen. Er hatte dem Großteil der Gespräche nur mit Bewunderung gelauscht. Diese Frau konnte freundlich, aber auch knallhart sein. Je nachdem, was gerade mehr Erfolg versprach. Und sie hatte die juristischen Aspekte im Detail verstanden. Das konnte man nicht von jedem Manager behaupten.

Langsam stellte der Rechtsanwalt seine Aktentasche auf den Schreibtisch und öffnete sie. Er würde die Unterlagen nur schnell in den Safe legen und dann sofort nach Hause fahren. Herr Schmickler freute sich auf einen ruhigen Tag mit seiner Familie und auf die Überraschung, die er für sie bereit hatte. Er schmunzelte bei der Vorfreude auf die Gesichter seiner Kinder.

Doch als er den Safe geöffnet hatte, fiel sein Blick direkt auf Antons Bild, das so bedrohlich übermalt worden war. Er atmete kurz durch.

*Jetzt kann ich dieses Problem endlich gründlich angehen*, dachte er grimmig. *Montagmorgen lasse ich Matthäus hier antanzen.*

Herr Schmicker setzte sich an seinen Schreibtisch, hob den Telefonhörer ab und wählte eine ihm wohlbekannte Burgenacher Nummer. Ungeduldig und mit einer plötzlichen Unruhe im Herzen wartete er darauf, dass jemand abnahm. Er musste sich jetzt wirklich dringend um diese Angelegenheit kümmern. Ohne dass er es bemerkte, trommelten die Finger seiner rechten Hand auf die Schreibtischplatte.

„Schmickler?", meldete sich sein Vater. Er klang etwas verschlafen.

„Hallo, Paps", sagte der Rechtsanwalt. Die Finger hörten auf zu trommeln.

„Ah, Paul, bist du zurück aus Leuna?“

Pit Schmickler hatte die Festnetznummer der Firma im Display erkannt.

„Ja. Wir sind wie geplant fertig geworden.“

„Schön, dann wirst du ja zum Geburtstag deines Bruders wirklich da sein.“

Schwang da ein vorwurfsvoller Unterton in der Feststellung seines Vaters mit?

„Jaaa“, sagte Paul gedehnt, um dann höflich zu fragen: „Wie geht es Anton?“

Es war ein innerer Impuls, der ihn diese Frage stellen ließ. Er machte sich nicht wirklich Sorgen. Schließlich hatte er bis Montag Zeit. Früher konnten diese Verbrecher keine Antwort erwarten. Jedenfalls nicht bei dieser Tragweite. Der Rechtsanwalt lehnte sich im Schreibtischstuhl zurück. Die Rückenlehne war angenehm weich und gab ein wenig nach.

„Gut? Warum?“, fragte Herr Schmickler Senior.

Rahels Vater atmete auf. Er strich sich über die Stirn und wich einer Antwort aus.

„Nichts, nur so. Keine Ahnung.“

„Wirklich nicht?“

Jetzt war sich Paul Schmickler sicher, dass sein Vater vorwurfsvoll klang.

„Komm schon, Paps, was ist los?“, fragte er.

„Nun, das wüsstest du, wenn du Anton gestern zugehört hättest, als er dir von seiner Arbeit erzählen wollte.“ Herr Schmickler Senior machte eine kurze Pause. „Es hätte ihn am Donnerstag beinahe ein Auto überfahren“, sagte er dann sachlich und unaufgeregt.

Paul Schmickler griff den Telefonhörer fester. Er schnellte auf dem Schreibtischstuhl nach vorn, saß jetzt nur noch auf der Kante. Seine Stimme klang gepresst, als er die nächste Frage stellte.

„Was genau ist passiert?“

„Wahrscheinlich hat nur ein Arbeiter vergessen, die Handbremse richtig anzuziehen, sonst nichts. Aber es hätte natürlich schiefgehen können. Du weißt ja, wie leicht Anton vor Angst erstarrt. Wenn Ronny ihn nicht zur Seite gestoßen hätte, wäre es übel ausgegangen. Ab und zu solltest du mehr Zeit mit deiner Familie verbringen, Paul. Das Leben kann schnell vorbei sein.“

Paul Schmickler schloss die Augen und sah den Trauerflor über Antons Bild vor sich. Beinahe wäre die schwarz-weiße Kopie zur farbigen und grausamen Wirklichkeit geworden. Wie furchtbar! *Dieser Matthäus ist ein kaltblütiger Verbrecher und fackelt nicht lange,* dachte er mit einem Gemisch aus Wut und Hilflosigkeit. *Vielleicht steckt sogar sein Chef Gomez-Diaz mit ihm unter einer Decke ... Oder er hat einen anderen Komplizen. Es würde mich wundern, wenn Matthäus etwas im so großen Stil allein durchzieht. Eigentlich traue ich ihm das nicht zu. Dafür ist er nicht der Typ. Aber ... Moment! Gomez kann nicht in Burgenach gewesen sein. Ich habe ihn am Donnerstagnachmittag hier in der Firma gesehen. Also arbeitet Matthäus doch allein? Ist er tatsächlich zu so etwas fähig?*

Der Rechtsanwalt presste die Lippen aufeinander und ballte die freie Hand zur Faust. Die andere umklammerte immer noch den Telefonhörer. Doch ebenso schnell wie neulich wichen seine Ohnmachtsgefühle der Entschlossenheit. Was auch immer hier ablief – er würde sich mit allem, was ihm zur Verfügung stand, wehren.

„Bist du noch da, Paul?“, fragte sein Vater. „Und kommst du gleich?“

„Ja, ich bin noch da. Noch eine Kleinigkeit erledigen, dann mache ich mich auf den Weg“, versprach er. „Und ... es tut mir leid, Paps.“

„Schon gut, Sohn. Pass nur auf, dass du die wirklich wichtigen Dinge im Blick behältst.“

Jetzt klang sein Vater nicht mehr vorwurfsvoll, sondern müde und besorgt.

„Das mache ich. Ich hatte es nur kurz vergessen. Danke, Paps", versprach Paul Schmickler. Dann legte er erleichtert auf. Er schmiss die Unterlagen in den Safe und griff sich einen Briefbogen. Es waren nicht viele Worte nötig. Die zwei Sätze hatte er schnell zu Papier gebracht. Das Gespräch mit Matthäus, das er sich für Montag vorgenommen hatte, war überflüssig. Die Sache ließ sich viel schneller erledigen. Mit Verbrechern verhandelte man nicht. Kurz schloss er die Augen, ehe er die Nachricht faltete und in einen Briefumschlag steckte. Nach dem langen Arbeitstag übermannte ihn in diesem Moment auch die körperliche Erschöpfung. Steif vor Anspannung stand er auf, nachdem er den Namen von Herrn Matthäus auf den weißen Umschlag geschrieben hatte. Als er sein Büro verließ, warf er den Brief im Zimmer der Sekretärin in den Ausgangskorb. Gleich Montagmorgen würde sie verlässlich für die Weiterleitung sorgen.

„Auf Wiedersehen, Frau Blühdorn", verabschiedete er sich höflich, als er an ihr vorbeikam. Doch sie hielt ihn zurück.

„Einen Moment bitte, Herr Schmickler. Es ist seltsam, aber da ist noch ein Umschlag für Sie. Er lag im Eingangskorb und kam mit der Hauspost. Obwohl ich mir sicher bin, dass er Freitag noch nicht da war, und heute arbeitet die Verwaltung ja nicht."

„So?"

Mit ruhiger Hand nahm der Rechtsanwalt den Umschlag entgegen. Sein Puls hatte sich leicht erhöht, denn er ahnte, von wem die Botschaft kam. Sein Verstand war immer noch wach, auch wenn sein Körper sich mit jeder Faser nach Schlaf sehnte.

„Wissen Sie, wer noch im Haus ist außer uns beiden?", fragte er nachdenklich.

Die hübsche Frau mit der großen Brille wunderte sich über die Frage, beantwortete sie aber trotzdem, so gut sie es konnte.

„Diejenigen, die mit in Leuna waren, wie wir. Ansonsten nicht viele. Die Produktion läuft ja erst Montagmorgen wieder an. Ich gehe auch gleich heim“, antwortete sie.

„Frau Samsone?“

„Ja, die ist noch da. Herrn Matthäus habe ich gesehen und einen Hausmeister, der Wochenenddienst hat.“

„Welchen?“

Frau Blühdorn überlegte.

„Herrn Küpper. Ja, genau. So heißt er.“ Die Fragezeichen in ihren Augen wurden immer größer. „Jemand von der Werksfeuerwehr ist natürlich auch immer da“, ergänzte sie. „Die Putzkolonne hat heute frei.“

Herrn Schmickler gelang ein Lächeln.

„Vielen Dank, Frau Blühdorn. Sie haben mir sehr geholfen. Ich wünsche Ihnen einen erholsamen Sonntag. Sie haben es sich verdient, und es kann sein, dass ich Montag freinehme.“

„F… Frei?“, stotterte die Sekretärin, als traute sie ihren Ohren nicht.

„Ja“, verkündete Herr Schmickler. Dann ging er noch einmal zurück in sein Büro und öffnete dem Umschlag.

„Wir warten nicht mehr lange“, stand darauf.

„Gut“, sagte er nur und warf das Schreiben in den Papierkorb.

# KAPITEL 18

## GELÜFTETE GEHEIMNISSE

„I… Ich hab mir gewünscht, dass Borussia Dortmund deutscher Meister wird", posaunte Onkel Anton laut aus, als er alle Geburtstagskerzen auf seiner schwarz-gelben Torte auf einmal ausgepustet hatte.

„Das darf man doch nicht verraten, Anton!", rief Sophia lachend. „Der Wunsch ist doch geheim."

„Ach so", sagte Anton leise und verlegen.

Er konnte niemals ein Geheimnis für sich behalten. Deshalb wusste er auch nichts von der Riesenüberraschung, die sein Bruder und seine Schwägerin für ihre Kinder vorbereitet hatten. Erst heute sollten alle davon erfahren. Opa war natürlich eingeweiht.

Silas stand auf und nahm das Tortenmesser zur Hand. Zögernd blickte er von oben auf den glatten gelben Götterspeisespiegel, unter dem die Zitronenjoghurt-Sahne-Schicht und der dunkelbraune Schokoboden geduldig auf ihren Verzehr warteten. Ihm lief das Wasser im Mund zusammen. Er fühlte sich geehrt, dass ausgerechnet er den Geburtstagskuchen in zwölf gleiche Teile schneiden sollte, trotzdem war er nervös. Mama reichte ihm einen hohen Becher, der mit warmem Wasser gefüllt war, und hielt ein Geschirrtuch in der Hand.

„Hier", sagte sie. „Mit einem etwas angewärmten Messer geht es besser. Geheimtipp von Oma. Den hat sie mir an meinem Hochzeitstag verraten, als ich hilflos vor unserer dreistöckigen Torte stand."

„Okay."

Neugierig tauchte Silas das Tortenmesser in das Wasser und trocknete es schnell ab. Dann ließ er die Klinge durch die süße Herrlichkeit gleiten.

„Funktioniert", sagte er verblüfft über den glatten Schnitt und wiederholte das Ganze.

„Perfekt", lobte Mama ihren Sohn, als er fertig war, und fing an, die Stücke zu verteilen.

„Perfekt", lobte auch Opa, als er probiert hatte. „Schmeckt wie bei Oma!"

„Ist ja auch ihr Rezept", erklärte Mama und schmunzelte.

Dann war es still, da jeder ein Stück Kuchen im Mund hatte. Pit Schmickler nutzte den Moment, um eine gute Neuigkeit loszuwerden.

„Die Kollegen aus Remagen haben vorhin angerufen. Das Krankenhaus hat sich bei ihnen gemeldet."

Ronny ließ die Gabel sinken und vergaß das Kauen. Herr Schmickler sah in seine Richtung.

„Herrn Brekel geht es gut. Er lässt euch seinen Dank ausrichten. Die Ärzte haben ihm gesagt, dass er ohne eure Hilfe verblutet wäre."

„Gott sei Dank", sagte Sophia leise.

Ronny atmete auf.

„Puh!", sagte er.

Silas strahlte still.

„Der … Der Reus hat auch geblutet", sagte Onkel Anton. „Gestern im Spiel."

Rahel kicherte.

„Ja, aber nicht so schlimm", sagte Opa.

„Nen Cut hatte, der, Rahel, nen Cut", wandte sich Anton an seine Nichte und fuhr sich mit dem Zeigefinger über die rechte Augenbraue.

Rahel nickte.

„Und", fragte sie, „haben dir deine Kollegen auch verraten, Opa, ob sie die anderen Mitglieder der Audi-Bande schnappen konnten?"

Pit Schmickler schmunzelte. Er sah seiner Enkelin an, dass sie vor Neugier schier platzte. Ronny dagegen schien damit zufrieden zu sein, sein Stück Kuchen zu verzehren.

„Ja, das haben sie", antwortete er. „Der Einsatz war ein voller Erfolg. Die Täter waren völlig überrumpelt. Aus ersten Aussagen geht hervor, dass sie Herrn Brekel für tot halten. Er war zwar nur bewusstlos, als sie ihn am Tatort zurückließen, aber wir lassen sie in dem Glauben, dass er gestorben ist."

„Und auf einen Zeitungsartikel über euren Beitrag zu der ganzen Aktion verzichten wir aus den gleichen guten Gründen", schaltete Mama sich sein. Sie sah trotzdem besorgt aus.

„I… Ich war jetzt auch genug in der Zeitung", sagte Onkel Anton und schob seinen Teller vor. Das hieß, dass er ein zweites Stück von seinem Geburtstagskuchen wollte.

„Ja, das finde ich auch", sagte Opa und reichte seinem Sohn den Tortenheber. „Mach selbst", wies er ihn an. Widerwillig gehorchte Onkel Anton. „Siehst du", sagte Opa. „Selbst ist der Mann. Du kannst das doch."

Onkel Anton hielt keine Antwort für nötig. Er schob sich Torte in den Mund und schmatzte glücklich.

„Also kein weiterer Artikel zum Abheften in unserem Ordner", sagte Sophia und stellte ihre Kakaotasse ab. „Nicht so schlimm."

Aber Frau Schmickler sah, dass ihre Tochter doch ein bisschen enttäuscht guckte.

„Weißt du, Rahel, wir haben euch beigebracht, dass es richtig ist, die Wahrheit zu sagen, dass man sich gegenseitig hilft und füreinander sorgt. Ihr seid es gewohnt, dass die Menschen ehrlich mit euch sind und es gut meinen. Ich meine damit, dass ihr behütet aufgewachsen seid."

*Behütet?*, dachte Ronny, *das kann ich nicht wirklich von mir behaupten!* Einige Gesichter des Bösen kannte er nur zu gut. Leider.

„Aber nicht allen Menschen kann man trauen", schloss Mama.

„Meinst du wirklich, wir wissen das nicht?!", fragte Rahel und dachte an die zurückliegenden Fälle, die sie schon gelöst hatten. „Wir sind doch auch schon solchen Menschen begegnet."

„Ja, natürlich wisst ihr, dass es Menschen gibt, die gefährlich sind", sagte Opa. „Und wenn die Tat offensichtlich ist, wie bei dem Drogendealer oder einem Entführer, dann seid ihr auch vorsichtig. Gott sei Dank. Aber was ist, wenn der Schein trügt? Jemand, der schwach tut, kann stark sein und euch im nächsten Moment überwältigen."

Das ging eindeutig in Ronnys Richtung. Der räusperte sich.

„Ich glaube, ich konnte ganz gut einschätzen, dass der Mann, also der Herr Brekel, keine Gefahr für mich darstellte, jedenfalls nicht ohne Waffe", verteidigte er sich. „Der war körperlich viel zu schwach."

„Hast du auch an mögliche Komplizen gedacht, die sich in der Nähe hätten aufhalten können?", fragte Opa.

„Nein", gab Ronny ehrlich zu. „Stimmt. Das war ein Fehler. Aber Fehler sind dazu da, dass man daraus lernt, oder?"

Noch einmal würde ihm das nicht passieren, das hatte er sich geschworen. Und seine etwas naiveren Freunde würde er beschützen, so gut er konnte. Opa nickte ernst.

„Na klar, wenn man noch die Gelegenheit dazu bekommt, dann ja. Dann kann man aus Fehlern prima lernen. Aber es gibt Fehler, die kann man nur einmal machen."

Ronny erschrak. Herr Schmickler hatte recht! Es gab tödliche Fehler. Wenn man so einen beging, blieb einem keine Zeit mehr zum Lernen. Man bekam keine zweite Chance. Eigentlich wusste er das auch. Er hatte richtig Glück gehabt. Glück – oder war da noch mehr?

„So, genug zurückgeschaut", mischte sich Paul Schmickler ein. „Jetzt muss ich meine Überraschung loswerden, Liebling." Er lächelte Mama an, und sie fasste seine Hand.

Alle Augen richteten sich auf ihn, und selbst Onkel Anton hörte auf zu essen. „Oder willst du?", fragte Papa und sah seine Frau verliebt an.

Ein Gedanke durchzuckte Rahels Kopf. Mama war doch nicht etwa ...?!

„Nein, mach ruhig", sagte Hannah Schmickler. „Du hast dir das ja auch so schön ausgedacht."

„Kein Geschwisterchen?", platzte Rahel heraus.

Lachend schüttelte Mama den Kopf.

„Nein, du bleibst die Jüngste. Jedenfalls vorerst."

Sie zwinkerte ihrer Tochter zu.

„Also", setzte Papa an. „Wir ... Trommelwirbel ..."

Er schlug mit den flachen Händen auf den Tisch, dass die Tassen wackelten. Zum Glück waren sie alle schon leer.

„Nun sag schon", verlangte Silas. „Wir sind doch nicht beim Kindergeburtstag."

„Wir ..." Papa trommelte immer noch. Das war so peinlich.

„Wir fliegen zu Tabea!", verkündete Papa und ließ seine Hände in die Luft steigen. „Wir alle."

„Waas?! Nach Amerika?", fragte Rahel. Dann sprang sie auf und schrie: „Hurra! Wie cool ist das denn?! Wir alle? Wir alle, die wir hier am Tisch sitzen?"

„Nicht ganz", schränkte Opa ein. „Anton und ich bleiben hier."

Ronny und Sophia saßen da wie gelähmt. Noch trauten sie sich nicht zu jubeln. Waren wirklich auch sie gemeint?

„Jawohl. Josh hat Tabea nämlich gefragt, ob sie ihn heiraten will …"

„Und? Hat sie Ja gesagt?", unterbrach Rahel ihre Mutter und sprang von ihrem Platz auf.

Frau Schmickler lachte.

„Wenn du mich mal ausreden lässt, erfährst du es. Ja, sie hat Ja gesagt …"

„Wow!", machte Rahel nur und ließ sich zurück auf ihren Stuhl plumpsen. Sie war sich nicht so sicher, ob sie sich von ganzem Herzen für ihre große Schwester freute oder ob sie doch ein bisschen eifersüchtig auf Josh war.

„Nun ja, jedenfalls möchten die beiden das an Weihnachten mit uns allen zusammen feiern. Deshalb verbringen wir die Weihnachtsferien in Amerika", erklärte Mama. „Die Eltern von Josh haben ein großes Haus. Dort können wir für ein paar Tage unterkommen, und es wird insgesamt nicht so teuer."

Ronny guckte unsicher. Er wusste, dass er einen Flug nicht bezahlen konnte, selbst wenn nicht zu viele weitere Ausgaben auf ihn zukamen. Und es war ihm überhaupt nicht recht, immer eingeladen zu werden.

„Haben Sie schon mit meinen Eltern gesprochen?", fragte Sophia vorsichtig und hoffte, dass die Antwort Ja lautete.

Frau Schmickler nickte und stand auf, um den Tisch abzuräumen.

„Sie sind einverstanden."

Jubelnd fiel Sophia ihrer Freundin um den Hals.

*Natürlich,* dachte Ronny bitter. *Für Mombauers ist Geld ja auch kein Problem.*

„Keine Sorge, Ronny“, sagte Rahels Vater mit ruhiger Stimme. „Für das Finanzielle finden wir eine Lösung. Auch deine Mutter fand meine Idee gut.“

Ronny hob die Augenbrauen und begann, sich ein klein wenig zu freuen.

„Auf das Land der unbegrenzten Möglichkeiten“, sagte Silas und hob seine leere Kakaotasse.

„U… Und auf mich!“, verlangte Onkel Anton. „I… Ich hab heute Geburtstag!“

In diesem Moment klingelte es. Dirk und Andreas standen vor der Tür. Sie waren zum Abendbrot eingeladen, und jeder der beiden hatte eine Schüssel mit Salat in der Hand.

„Liebe Grüße … von Mama“, sagte Andreas und überreichte Frau Schmickler seine Schüssel mit Kartoffelsalat.

„Das ist lieb“, sagte Hannah Schmickler und nahm auch Dirk den Nudelsalat ab.

„Liebe geht durch den Magen“, sagte Dirk.

Auch am Montagmorgen herrschte zwischen Herrn Gomez-Diaz und seinem Stellvertreter eine gespannte Stimmung. In dem Büro des Abteilungsleiters konnte man die dicke Luft fast mit den Händen greifen. Heute blieb Herr Matthäus stehen. Er wagte es nicht, sich in den Chefsessel zu setzen. Nervös hielt er die Verkaufszahlen für das dritte Quartal in Italien in den Händen und verspürte wenig Lust, sie seinem Vorgesetzten zu erläutern, da der Gewinn zurückgegangen war. Er kam auch nicht dazu, eine Erklärung vorzubringen, denn in diesem Moment wurde die Hauspost hereingereicht.

„Entschuldigen Sie die Störung“, sagte die Auszubildende schüchtern, „aber dieser Brief ist für Herrn Matthäus, und ich dachte …“ Sie geriet ins Stottern. „Ich dachte … weil ‚Eilt‘ darauf steht, bringe ich ihn direkt vorbei.“

Überrascht nahm der stellvertretende Abteilungsleiter den Umschlag entgegen, auf dem sein Name stand. Er drehte ihn langsam um. Weder ein Absender noch sonst irgendetwas war zu erkennen.

„Danke“, sagte er, ohne die Auszubildende anzugucken, und die junge Frau verschwand.

„Siehst du“, sagte Herr Matthäus erleichtert und selbstgefällig. „Hier ist endlich unsere Antwort. Ich sagte doch, die Aktion mit seinem behinderten Bruder war ein voller Erfolg.“

„Ach ja?“, höhnte Herr Gomez-Diaz. „Ich würde eher sagen, es wäre beinahe schiefgegangen. Noch bin ich nicht so weit, dass ich einen Mord begehe.“

„Quatsch. Das Auto konnte an dem winzigen Berg gar nicht so schnell in Fahrt kommen. Es war kein Problem, rechtzeitig auszuweichen. Wir haben ihm nur einen tüchtigen Schrecken eingejagt. Mehr wollte ich auch nicht. Zusammen mit meinem ‚Werbekärtchen‘, das ich ihm an den Autospiegel gesteckt habe, hat es ihn weichgeklopft.“ Herr Matthäus vergaß die schlechten Verkaufszahlen. Ein triumphierendes Lächeln erschien auf seinem Gesicht. „Wir haben ihn. Ich wusste es.“

„Idiot“, zischte Herr Gomez-Diaz und fühlte doch Erleichterung.

Ungeduldig riss er seinem Stellvertreter den Umschlag aus der Hand, schlitzte ihn sorgfältig auf und zog den Papierbogen hervor. Ein mahnender Blick ließ Herrn Matthäus zur Seite rücken. Erst dann faltete Gomez-Diaz die Nachricht auf. Er begann zu lesen und griff sich dabei ans rechte Ohrläppchen. Die Nachricht war nicht lang. Sein Gesicht wurde rot und sein Mund schmal. Dann sah er mit blitzenden Augen auf. Mit einem wütenden Schnauben reichte er den Zettel an seinen Stellvertreter weiter. Hastig griff Herr Matthäus mit seiner vernarbten Rechten nach dem Stück Papier. Verblüfft las er laut vor, was kurz und knapp, aber in schön geschwungenen Buchstaben niedergeschrieben war:

„Ihr Geld kann mir gestohlen bleiben. Aber was auch immer Sie tun, es wird ans Licht kommen!"

Herr Matthäus fühlte, wie sein rechtes Augenlid zu zucken begann.

„Scheiße. Er droht uns", sagte er, und seine Stimme klang, als hätte er Halsschmerzen.

„Ach nee", schnauzte sein Chef und bearbeitete sein Ohrläppchen so sehr, dass es ebenso rot wie sein Gesicht wurde.

Dann riss er seinem Stellvertreter die Nachricht noch einmal aus der Hand. Er starrte auf das Geschriebene, als hätte er Schwierigkeiten, es zu glauben. Aber die Buchstaben gaben nicht nach. Sie behaupteten weiter, dass Herr Schmickler das Geld ablehnte.

„Und jetzt?", fragte Herr Matthäus.

Herr Gomez-Diaz presste die Lippen aufeinander, bis sie weiß wurden. Langsam und gründlich zerknüllte seine rechte Hand das Papier mit der ungeheuerlichen Nachricht des Mannes, den er hatte kaufen wollen. Dann ließ er die Papierkugel in den Mülleimer fallen.

„Jetzt wird der Boss entscheiden", lautete die ruhige und kalte Antwort.

**So begann das Abenteuer:**

**Detektei Anton –**
**Ausgerechnet Bananen**
*Band 1*
Gb., 208 S., 13,5 x 20,5 cm
Best.-Nr. 271720
ISBN 978-3-86353-720-3

Die dreizehnjährige Rahel ist unfreiwillig in das verschlafene Eifeldorf Brehl gezogen. Doch ihre chronische Langeweile endet schlagartig, als Einbrecher und Drogenhändler im Ort auftauchen. Sie setzt alles daran, die Verbrechen aufzuklären, die auch vor ihrer Schule nicht Halt machen. Schon bald kann ihr großer Bruder Silas sie nicht mehr beschützen, denn auch er selbst gerät in höchste Gefahr! Gut, dass wenigstens der speziell begabte Onkel Anton und sein Hund Caruso den Durchblick behalten …

**Detektei Anton – Die Dame aus Burundi**
*Band 2*
Gb., 192 S., 13,5 x 20,5 cm
Best.-Nr. 271764
ISBN 978-3-86353-764-7

Die Detektei erhält ihren ersten offiziellen Auftrag von Rechtsanwalt Paul Schmickler. Doch die mühsame Recherche verläuft im Sande. Der gesuchte Unfallwagen scheint wie vom Erdboden verschluckt zu sein. Immerhin bekommt das Matthias-Claudius-Gymnasium einen äußerst fitten Sportlehrer und Rahel mit Estelle Couderc eine interessante neue Klassenkameradin. Aber wer ist wirklich, was er vorgibt zu sein? Die Detektive bleiben misstrauisch. Was will „die Dame aus Burundi" in Burgenach, und wer bedroht sie? Ronny, Silas und Onkel Anton finden das entscheidende Puzzleteil erst in letzter Sekunde …

**Detektei Anton – Bombenstimmung**
*Band 3*
Gb., 208 S., 13,5 x 20,5 cm
Best.-Nr. 271766
ISBN 978-3-86353-766-1

Onkel Anton stolpert im Familienwald über alte Munition aus dem Zweiten Weltkrieg. Außerdem gibt ein seltsamer Brief der Detektei Rätsel auf. Was hat die zweiundneunzigjährige Frau Breuer damit zu tun, und warum ist die Geschichtslehrerin Angela Kragenbeck so furchtbar engagiert? Wie kann vergangenes Unrecht in Ordnung gebracht werden, und was verheimlicht Pastor Werner? Silas, Rahel, Ronny und Sophia suchen mit Onkel Anton nach Antworten und stoßen auf eine ganz andere Art von Sprengstoff, der bis heute brandgefährlich ist!

**Detektei Anton –**
**Der Fall Werner**
*Band 4*
Gb., 192 S., 13,5 x 20,5 cm
Best.-Nr. 271796
ISBN 978-3-86353-796-8

Endlich Ferien! Die Detektei hat genug Zeit, sich mit dem Geheimnis zu beschäftigen, das Pastor Werner Schrober verbirgt. Dafür ermitteln die Kinder in Hamburg, denn Rahel und Ronny vermuten eine Verbindung zwischen dem Pastor und einer gefährlichen Bande, der in der Hansestadt der Prozess gemacht wird. Ihr speziell begabter Onkel ist sich sicher, den Kronzeugen schon irgendwo gesehen zu haben, doch nicht einmal Opa Peter glaubt ihm. Lässt Anton sein fotografisches Personengedächtnis im Stich, und was hat Werner mit dem organisierten Verbrechen zu tun?

**Detektei Anton – Achtung, Gift!**
*Band 5*
Pb., 208 S., 13,5 x 20,5 cm
Best.-Nr. 271887
ISBN 978-3-86353-887-3

In Brehl sterben plötzlich Vögel und Katzen. Schnell ist klar, dass jemand Giftköder ausgelegt hat. Auch Caruso, Onkel Antons geliebter Riesenschnauzer, scheint davon gefressen zu haben. Doch wer hat es auf die Tiere abgesehen – und warum? Nicht nur der Wilderer, der in Bauer Langenhagens Revier sein Unwesen treibt, kommt als Täter infrage. Es dauert, bis die Detektive einzelne Verdächtige von der Liste streichen können. Zu dumm, dass Silas ausgerechnet jetzt nicht klar denken kann …

**So geht das Abenteuer weiter:**

**Detektei Anton –**
**Unbegrenzte Möglichkeiten**
*Band 7*
Pb., ca. 208 S., 13,5 x 20,5 cm
Best.-Nr. 271889
ISBN 978-3-86353-889-7

vorläufiges Cover

Ausnahmsweise dürfen Ronny und Sophia eine Woche früher in die Weihnachtsferien starten: Zusammen mit den Schmicklers fliegen sie in die USA. Tabea, die große Schwester von Rahel und Silas, möchte sich verloben und das Weihnachtsfest mit ihrer Familie feiern. Doch von Friede auf Erden keine Spur! Jemand scheint der Detektei auf Schritt und Tritt zu folgen. Wie gut, dass sie Chico mit auf ihren Road-Trip genommen haben. Der vierzehnjährige Kolumbianer warnt die vier Detektive rechtzeitig vor einem gefährlichen Anschlag!